目次

まえがき

　ある日、知人S氏と安積采女について語り合った。同氏が言った。

「郡山市で毎年八月にうねめまつりを行うので、安積采女は県内外でも知名度は高い。しかしイメージが暗い。冷害を理由に年貢免除を願い出たり、采女が自殺したりと。フィクションからファクトへ移行し、采女伝説の呪縛から解き放たれるべきでは。万葉の明るい采女像を回復して、歴史を正しく認識しよう」

　私は答えた。

「うねめまつりに尽力された貴殿が言うのだから、切実な問題だ。悲恋伝説で落ちこむよりも、万葉『安積山の歌』の故事にもとづいて、楽しく盛り上げてゆくべきだ」

　私は、安積采女の真実の姿について持論を述べた。S氏が言った。

「今日の話、そのまま書けば、一冊の本になる」

　私は言った。

「令和六年（二〇二四）は郡山市制施行百年、かつまた葛城王と安積采女の出会いから一千三百年、万葉の故事を重んじる機運を作りたい」

　そんなことで、にわかに安積采女の本を書いた。『万葉集』『続日本紀』や歴史学・考古学・民俗学の知見などにもとづいて、安積采女の真実に迫った。采女は、古代安積郡の繁栄を伝える、明るくて華やかな存在である。

郡山うねめまつり

安積山の歌

安積采女を語る上で、基本となるものは「安積山の歌」である。『万葉集』巻第十六「由縁有るもの、幷《なら》びに雑歌《ぞうか》」に載る。作歌の事情のあるものと雑歌（相聞・挽歌以外の歌）を収めた巻である。原文は、左記のように万葉仮名で書いてある。

安積香山　影副所見　山井之　浅心乎　吾念莫国

右歌伝云、葛城王遣于陸奥国之時、国司祇承緩怠異甚。於時王意不悦、怒色顕面。雖設飲饌、不肯宴楽。

於是有前采女、風流娘子。左手捧觴、右手持水、撃之王膝、而詠此歌尓。乃王意解、悦楽飲終日。

『万葉集』は、仮名文字が発明される前の文学作品なので、みな漢字である。もともとは句読点も付いていない。「而詠此歌尓乃王意解」の箇所、中西進氏らの読みは「而詠此歌。尓乃王意解」と句点を入れるが、これでは「尓乃」を説明できない。私は「而詠此歌尓。乃王意解」と句点を入れる。「尓」は「爾」の異体字であり、文末に置かれ、断定の意を表し、「のみ」と読む。

「安積香」という表記は、漢字を表音文字として使用して、アサカという地名を表している。「影副所見」という表記は、漢字を表意文字として使用して、「影さへ見ゆる」の句を表している。

外国語の漢字を表音・表意に用いて、大和言葉を表す。これは離れ業である。こういった仮名を、万葉仮名という。書くのも大変だが、書かれたものを正確に読むのも大変である。

仙覚《せんがく》、契沖《けいちゅう》、賀茂真淵、近代の国文学者らが、長い年月と労力をかけて『万葉集』を読み解いてきた。我々は、先人たちの千年にわたる蓄積によって、漢字仮名交じりとなった歌を読んでいる。

安積香山影さへ見ゆる山の井の
浅き心を吾が念《おも》はなくに
（巻十六・三八〇七）

「積（尺）」は呉音シャクの転でサカと読む。「八尺《やさか》」と同じである。奈良時代はサの実際の発音がツァだから、アサカはアツァカと発音した。平安時代以降の発音はアサカである。「香」は表音文字である。アシャクと発音しないように「香」を付けたのである。「香る山」の意はない。

それではアサカの語源はなにか。大鐘義鳴『相生集《あいおい》』（二本松藩内の地誌・一八四一年）に、安積国造神社第五十五代宮司安藤親重の「吾福国」説が載っている。おそらく安積国は「吾栄《あさか》国」「わが栄える国」の意なのである。弥栄《いやさか》と似た縁起のよい国名である。

「安積山の歌」を口語に訳すると、

あさか山の山の井（清水）は、山の影までも映るほど清らかかね。私の思いは、その井のようにあさくないのに、どうして気づいてくださらないの。

歌は音調が大事である。

あさかやま　かげさへみゆる　やまのゐの
あさきこころを　わがおもはなくに

「あさかやま」と句頭の「あ」「か」「や」「あ」

「わ」は、皆口を大きく開けた「あ段」の音である。これが五七五七七のリズムと調和して、明るい雰囲気になる。これを風流な安積采女が朗誦《ろうしょう》したのだ。

あさかやま歌碑　産経国際書会常務理事遠藤乾翠先生書
安積国造神社二の鳥居脇

次は、この歌の題詞の読み下し文である。

右の歌、伝へて云はく、「葛城王《かずらきのおおきみ》の陸奥国《みちのくのくに》に遣はされし時、国司の祇承《ししょう》の緩怠《かんたい》なること異《こと》に甚し。時に王の意《こころ》悦びず、怒色、面《おも》に顕はる。飲饌《いんせん》を設《ま》くと雖《いえど》も、肯へて宴楽せず。是《ここ》に於いて前采女《さきのうねめ》有り、風流なる娘子《じょうし》なり。左の手に觴《さかずき》を捧げ、右の手に水を持ち、之を王の膝に撃ちて、此の歌を詠むのみ。乃《すなわ》ち王の意解かれ、悦楽して飲むこと終日なり」と。

これを現代語に訳すると次のようになる。

右の歌は、伝えるところによれば、「葛城王が陸奥の国に遣わされた時、国司の接待が非常に緩慢だった。王は心中穏やかならず、怒りの表情が顔にあらわれた。酒食を設けたのだが、まったく宴を楽しまなかった。

このときに、かつて宮中に仕えた采女が進み出た。洗練された婦女である。左手に盃を捧げ、右手に水瓶《すいびょう》を持ち、（その水瓶で）王の膝を打って（拍子をとり）、この歌を吟詠したのである。そうなれば王の怒りも解けて、終日酒宴を楽しまれた」と。

郡司と采女

漢代の女官に「采女《さいじょ》」注1がある。采女《さいじょ》は「女を採《と》る」で、「女を選びとる」の意である。

ウネメはウネベとも読み、語源は諸説あって定まらない。日本の采女《うねめ》制は漢の采女《さいじょ》制を参考にしているが、同じではない。

采女《うねめ》の起源は五世紀ごろで、大化の改新の「改新之詔《みことのり》」に成文化された。詔は『日本書紀』大化二年（六四六）正月朔のところに記されている。その第四条の調・官馬・仕丁などの賦役関係の事項に続いて、采女の規定注2がある。

『養老令』（七一八）「後宮職員令《ごくうしきいんりょう》第三」では、采女は、水司《もいとりのつかさ》管下に六人、膳司《かしわでのつかさ》管下に六十人配置された。その末尾に采女の規定注3が記されている。

和漢とも采女《うねめ》（采女《さいじょ》）は後宮（天子や后妃、その子が住む所）の女官である。年齢は日本では年長者も可である。日本は「形容端正」、漢は「姿色端麗」の者が選ばれた。日本の采女《うねめ》は後宮の御膳を給仕する職であるが、漢の采女《さいじょ》は皇帝の下級の妾であった。

和漢で大きく異なるのは、その出自である。日本では郡司の姉妹や娘の中から選んで采女《うねめ》に任じたが、漢では民間から美女を選抜して采女《さいじょ》に任じた。日本の采女《うねめ》貢進の基本単位は郡である。采女《うねめ》は賦役《ふえき》の一種で、郡司の朝廷への忠誠の保証という意味合いもあった。

磯貝正義氏によれば、

令制では「後宮職員令」に、采女は下級官人として規定された。この頃、采女は人質ではなく、郡司の一特権として意識されるようになった。采女は宮廷に奉仕するうちに、いろいろな恩典を蒙《こうむ》るようになる。位階の昇叙を受けるようになり、三位に昇った者もいた。四位、五位の例は多々ある。采女には、地方出身者として望み得る最高の地位を与えられる機会に恵まれていた。采女の地位は、ついには「競い望むこと絶えず」（『類聚三代格』）といわれるほどのものとなった。

という。つまり采女ははじめ人質のようなものでもあったが、後に出世の糸口ともなるあこがれの職務へと変容した。

安積采女は安積郡司の一族としての誇りを持っていた。采女を知る上で、その家柄は大事な要素である。采女は高貴で華やかな存在であった。

「安積山の歌」を詠んだ前采女《さきのうねめ》は、安積郡司一族中のとりわけ端正な美女で、采女として仕えたあと、郷里の安積に戻っていた。前采女は都の文化に通じていたので、安積郡司の歓待の中で、皇族・葛城王の異変に気づいて、自らの出番とさとり、王の心を和ませ、その場の不穏な空気を消し去った。

国造が郡司に移行

大和朝廷は、はじめ地方を国造制によって治めていた。地方豪族の中の有力な者を国造《くにのみやつこ》（地方長官）に任じて、地方の祭政を司らせた。

大化の改新は、唐の律令制を日本に導入し、中央集権化をはかり、地方制度を整えるものであった。これは旧来の統治を一変させる政治改革であり、有史以来の地方豪族の既得権益を揺るがすものでもあった。

朝河貫一は、「大化改新はただに日本史及び東洋史の大事なるのみならず、また人類史上特に注目すべき重要の問題」「古代日本は中国から政治哲学を学び、大化改新を断行して日本の国家体制を樹立した」という。

「改新之詔」第一条は、臣《おみ》・連《むらじ》・伴造《とものみやつこ》・国造などの廃止である。第二条は、

> 其の郡司には、並びに国造の性識清廉にして時務に堪ふる者を取りて、大領・少領と為す。

である。国造の中で清廉で行政担当能力ある者が、律令政府の地方長官たる郡司に任命されることになったのである。

国造から郡司に移行する途中に、評督《こおりのかみ》という地方長官名が存在した。中央は、地方の単位の国を廃止して評《こおり》を設定した。国造は評督に任ぜられた。大宝元年（七〇一）に制定された大宝律令により、評が廃止されて郡が置かれ、評督は郡司となった。

国・郡・里の三段階の行政組織を設定し、国司・郡司・里長を置いた。いわゆる国郡里制である。国は、郡をいくつか束ね人為的に設定された広域行政単位で、約六十ヶ国あった。

地方豪族の阿尺国造《あさかのくにのみやつこ》は、律令制における阿尺評督になり、次いで阿尺郡司になったと考えられる。和銅六年（七一三）、元明天皇から「畿内七道諸国郡郷、着好字（国中の郡郷の名に、好字を着けよ）」との勅令が下り、全国の地名は全て瑞祥地名に統一され、地名記載の確定がなされた。このとき「阿尺」が「安積」となり、阿尺郡司は安積郡司となった。

遊行女婦にあらず

斎藤茂吉『万葉秀歌』に「安積山の歌」を取り上げ、「地方に出張する中央官人と、地方官と、遊行女婦《うかれめ》とを配した短編のような趣」とある。遊行女婦とは、「各地をめぐって宴に侍り歌舞で客を楽しませた遊女」のことである。采女は郡司の一族の女性であるので、遊行女婦とは身分が異なる。

さらに茂吉は言う。

「前の采女という女も、嘗て采女として仕えたという女で、必ずしも陸奥出身の女とする必要もないわけである」

しかしながら、郡司の娘は、采女の仕事、いわゆる国家が郡司に命じた賦役を終えれば、自分の故郷に戻るのみである。安積郡に別な郡出身の前采女がいるはずがない。

安積采女は、単に都の宮廷文化を吸収しただけの存在にはとどまらない。国造《くにのみやつこ》の末裔たる安積郡司の一族というプライドがあった。だから、機嫌をそこねた葛城王を前にしても、堂々たる振る舞いができた。

遊行女婦説について磯貝正義氏は、「采女の本質を無視し、采女を遊行女婦の類いと同一視する点で誤っている」「恐らく安積郡領の姉妹か女《むすめ》ででもあったろう」という。

「安積山の歌」を詠んだ采女は、奈良の都で宮廷文化を吸収し、洗練され風流を知って故郷に帰ってきた女性である。その詠歌を、後に紀貫之が「歌の父母《ちちはは》」と評価した。

土井晩翠が作詞したかつての郡山市歌に、「安積の山と浅香沼　古典の中にかんばしき」という一節がある。郡山の人々は、昔から歌枕の「安積山」や「浅香沼」を誇りに思ってきた。「安積山の歌」を詠んだ安積采女のことも正しく認識して、誇らしい女性として位置づけるべきだ。
「安積」は古来の誇るべき郡名であるが、昭和四十年に廃された。旧安積郡をふくむ領域は郡山市となった。昭和二十九年に発足した安積町が、「安積」の名を守るのみだ。古代からの歴史を鑑みれば、安積市と称するべきだった。

伝馬を利用して下向

奈良平安時代は、軍事用の駅路《うまやじ》が整備され、中央と地方とはしっかりと結ばれていた。『相生集』「安積山」の条に、大路の記述がある。

山の井もそのよみ人采女が塚（墳墓）もやがてこの山（額取山《ひたいどりやま》）の麓にありて、そが上に片平は古くより駅家《うまや》にて今もこの山の腰ばかりに大路の跡ありと。これは葛城王もここを通り玉ひつらん。

片平が駅家《うまや》で額取山の腰に大路が通っていたという見解は、学術的な裏づけがない。『倭名《わみょう》類聚鈔《るいじゅうしょう》』（九三一～三八年ごろ）に「安積　阿佐加」とあり、「安積郡　入野《いぬ》　佐戸《さこ》　芳賀　小野　丸子　小川《こがわ》　葦屋　安積」と八郷が記載されているが、片平に該当する郷はない。
入野郷と佐戸郷は後に安達郡となる。芳賀郷は郡山市芳賀、小野郷は田村郡小野町、小川郷は郡山市田村町小川《こがわ》を含む地域であろう。丸子郷は、大伴安積連を賜った丸子部古佐美（『日本後紀』延暦十六年〈七九七〉）がいた所で、田村郡三春町とされる。
『延喜式』（九二七年）第二十八巻に、

「陸奥国駅馬……磐瀬　葦屋　安達……各十疋」「伝馬《てんま》　白河（郡）　安積（郡）　信夫（郡）……各五疋」

とある。つまり葦屋郷に駅家が置

かれたのである。

葦屋郷については、佐藤新一氏の新説（『郡山地方史研究』第五三集）を踏まえた。葦屋郷の遺名が芦谷地《あしやぢ》（大槻町の旧字名。郡山市総合地方卸売市場・郡山カルチャーパークのあたり）であるから、この郷は今の大槻町や安積町、三穂田町（地名に駒屋、馬谷地《うまやぢ》、芦ノ口がある）であろう。谷地の語源はアイヌ語の「ヤチ」で、湿地をあらわす。

駅路・東山道は直進するのが原則であるが、安積郡内の駅路は磐瀬（須賀川市森宿）と安達（本宮市本宮立石）を直線で結ばず、西の葦屋郷方面へ大きく迂回していたと考えられる。それは安積軍団の所在地、今の大槻町中柵《なかやらい》に行くためであろう。駅路が造られた主要な目的は軍事である。有事の際の迅速な情報伝達や軍隊の移動のために造られた路なのである。

安積郷は安積郡衙《ぐんが》を含む地域を指すものと思われる。伝馬は郡衙に置かれた。郡衙（郡家《こおりのみやけ》）は律令制下の郡の統治を行う官庁で、地方の政治・経済・文化・軍事の中心地である。安積郡衙の壮大な建物群は、今の郡山市の清水台・虎丸・赤木などの一帯にあった。後の時代の城に当たる。

駅路は律令国家によって七世紀後半から八世紀にかけて建設され、十世紀ごろまで機能した。その道幅は奈良時代には十二㍍、平安時代には六㍍、総延長は六四〇〇〇㌔。約一六㌔ごとに駅家を置き、全国で四〇〇の駅家には二〇疋から五疋の駅馬が置かれた。なお荒井猫田遺跡はビッグパレットふくしまの所だが、そこからは中世の奥大道の遺構が出てきた。

中央からの貴人は、東山道を通って安積郡にいたる。郡家ごとに置かれた馬に乗せて、リレー式に移動する。福島県では、伝馬《てんま》は白河郡から安積郡、信夫郡へと繋いでゆく。東北大学名誉教授・今泉隆雄氏は次のように記している。

国家的な交通制度として駅制と伝馬制があるが、伝馬制が中央派遣の使者が利用するものであるから、葛城王は伝馬を利用して下向。伝馬制は郡家に配置した伝馬を乗り継ぎ、郡家に宿泊し食事の提供を受ける。このことは安積郡家（清水台遺跡）であったことで、郡司が宴の接待をし、そこに郡司の親族の前采女が出てくるのは自然なことである。

葛城王は奈良を出発し、内陸の東山道を通って陸奥国に入り、安積郡に来た。東海道は川や湿地帯にはばまれて通りにくかった。そして安積郡衙で催された宴で、安積采女と出会う。

安積郡司の不作法

皇族の葛城王が来られたというのに、王を迎え入れた国司（実際は郡司）の接待が怠慢であったという。これはなぜか。

当時、安積郡は、異民族のエミシと戦うための後方支援基地だった。だから人の気性も荒く、接待も不作法である。雅な文化になれた都人の葛城王は、さぞや困惑したことだろう。

従来、国司の不作法として片付けられてきた。しかしながら、見方を変えれば、国司が中央の貴人に対して不作法であっても、貴人は、叱りつけることもできなかったわけである。我々は、古代の中央と地方の力関係を、近代の中央集権のイメージで見てしまっていたのではないか。

陸奥国司や安積郡司は、エミシとの緊張関係が日常的にある地域を統治していた。だから気性は荒々しく、武力も充実していた。国司・郡司の不作法は、むしろ陸奥国や安積郡の勢力の強さを表すものではないか。時代が少し下るが、『続日本紀』の安積郡の豪族についての記述を次に挙げる。

神護景雲三年（七六九）三月十三日、陸奥国安積郡の人、外従七位下の丈部直継足《はせつかべのあたいつぐたり》に阿倍安積臣の姓を賜う。

宝亀三年（七七二）七月十七日、陸奥国安積郡の人、丈部継守《つぐもり》ら十三人に阿部安積臣の氏姓を賜う。

延暦十年（七九一）九月五日、陸奥国安積郡の大領・外正八位上の阿倍安積朝臣継守に、外従五位下を授けた。兵糧を進上したからである。

安積郡司の阿倍安積継守は、「外正八位上」から「外従五位下」へと一気に昇進している。「外従五位下」というのは国司と同等の官位で、郡司としては異例である。エミシ平定のために膨大な兵糧を進上したのであろう。その勢力の強大さがうかがわれる。

之を王の膝に撃つ

「左手捧觴、右手持水、撃之王膝、而詠此歌」の、特に「之を王の膝に撃つ」というのは、すんなりとはわからない部分である。

江戸中期の儒学者戸崎淡園《とさきたんえん》は、後掲『葛城王祠碑』に、「水を王の膝に濺《そそ》ぐは、雨露の恩有らんことを請ふなり」とする。また、「撃つ」を「水を打つ」の意と思い込んで、「采女が水を王の膝にそそいだ」と解釈し、「雨露のように万物を潤す恩があらんことを乞うた」と意味づけた。

しかしながら「撃」の字は、「堅い物をかちんとうち当てる」の意である。「水をそそぐ」ととるのは無理である。そもそも、宴席で主賓の膝に水をそそぐようなことがあるとは思えない。淡園は荻生徂徠《おぎゅうそらい》の学派で、守山藩校養老館教授となった。文化三年（一八〇六）没。

おそらく、「之を王の膝に撃つ」の「之」は、右手に持った水瓶《すいびょう》か瓶子《へいし》のことなのである。「水瓶で、王の膝を撃った」のである。

千手観音はその手の一つに水瓶を持つ。美しい安積采女が清らかな水の入った水瓶を持って、王の前に進み出て、その底で撃った。あるいは拍子をとったのかもしれない。

美女というものは、時代によって基準が変わる。奈良時代の美女としてよく例示されるのは、鳥毛立女《とりげりつじょ》屏風の樹下美人図（正倉院宝物）である。当時はふくよかな美女が好まれた。太い眉毛とおちょぼ口がチャームポイントである。安積采女のイメージは、この画のようなしもぶくれの顔を思い描くべきであろう。

水瓶の「二彩浄瓶」は、安積郡衙から南へ二キロ《キロ》ほどの七ツ池遺跡で出土した。「浄瓶」はインドが起源で、これは奈良の都のあたりで製作

二彩浄瓶　国重要文化財・円寿寺所蔵・郡山市立美術館寄託　郡山市史８資料(上)より郡山市提供

樹下美人図　正倉院宝物

されたものと思われ、高官が所持した。国宝・重要文化財（美術品）。文化遺産オンラインに、

ふくらみを持たせた胴部に、直立した取っ手を太目につくり、大きな八の字高台《こうだい》を付けた安定のよい浄瓶である。黄白色の陶胎《とうたい》で、焼成《しょうせい》は胴下半部が比較的よく焼き締っているが上半部はややあまい。

いわゆる二彩で総体に白釉を鹿の子斑《かのこまだら》状に散らし、成形は轆轤《ろくろ》仕上げによるきわめて丁寧な造りで、端正な姿をしたものである。瓶肩部にある瓶口は受鉢状に造り、その体部は面取《めんとり》して造る。取っ手の中ほどには二条の沈線《ちんせん》をめぐらし、高台畳付《たたみつき》と底は露胎《ろたい》。

とある。

王の膝を撃つ行為には、なにか深い意味があるのではなかろうか。折口信夫は、「安積山の歌」について、「鎮魂（魂を鎮める意味）の目的に供せられたもの」「魂を体の中に鎮めたという魂の歌であり、一種の鎮魂の歌である」とし、「之を王の膝に撃つ」は、「鎮魂に関わる、宗教・民俗的な儀礼か」という。かなり説得力がある。

鎮魂と思えば、葛城王の心を和ませた前采女の機転の奥深さを思わずにはいられない。前采女の高い教養を称えるべきだ。

安積山の歌は采女の創作

「安積山の歌」は、当時の流伝歌を采女が詠じたと考える人が多いようだ。采女のオリジナルではなく、よみ人知らずの歌だと言うのである。

私は、安積采女本人が作ったと考える。朗誦《ろうしょう》

の調子は、都の最新の流儀だったのだろう。葛城王は、都から遥か遠くの地で、思いもかけず、前采女の雅なふるまいに感じ入り、秀歌に心を和めた。怒りも解け、前采女へほのかなときめきさえ生じた。単に都の流伝歌を安積の地で聞いたぐらいでは、そんなに悦ばないだろう。

葛城王が多賀城への移動の中で教養豊かな安積采女の歌に聞き惚れ、それを書き取って、そのエピソードとともに都にもたらした。その歌は評判がよく、もてはやされ、広く流伝したと見る。

京都府立大学学長・門脇禎二氏は、前采女の作歌としている。次の通りである。

「宮仕えを退き、郷里《くに》もとへかえっていた采女のほうに、かえって、恐れずに宴席で遊びの才を発揮したような例が認められる」

「この歌は、山の木立の影が美しく映る山の井泉の風景などが、『山の井の』から『浅き心』に連接されているような技巧」

「まさに葛城王をもてなしたこの女には、歌つくりにも所作にも前に采女として仕えたころの風流《みやび》が身についていたのであろう。宮廷から郷里もとへ下った采女は、中央からの官人を迎えて国司などが催す宴席などには、父兄の郡司などとともに出て、席をとりもつことなどがあったとみえる」

前采女の年齢については、『続日本紀』元正天皇・養老六年（七二二）閏四月二十五日の条[注4]に手がかりがある。陸奥国がエミシとの戦乱に明け暮れているという理由で、朝廷は同国の税や賦役を軽減免除し、采女を帰国させたという。七二二年以降、陸奥国出身の采女はいなくなり、安積采女も任を解かれて帰郷した。よって、葛城王をもてなした安積采女は、七二二年以前に宮中で仕えた采女と特定される。

「後宮職員令」に采女の年齢は十三歳から三十歳までと定められている。かりに前采女が七二二年に最年少の十三歳だったとして、解任されて帰っていれば、葛城王が来た七二四年の時点では十五歳である。だから前采女は十五歳以上ということになるが、何歳以下なのかはわからず、あとは想像におまかせする。

あさかやま木簡

安積采女の詠歌を伝えたのは『万葉集』だけではなかった。「あさかやま木簡」発見は本当に驚いた。発見者の大阪市立大学教授 栄原《さかえはら》永《と》遠男《わお》博士の著述にもとづいて紹介する。

平成十九年（二〇〇七）十二月十日栄原氏は、「なにはつ木簡」の背面に「安積山の歌」が書かれていることを発見した。「なにはつ木簡」は、「難波津の歌」の「奈迩波ツ尓佐久夜己能波奈布由己母理伊麻波、流倍等佐久夜己乃波奈」が墨書してある木簡のことである。筆書体の文字が現存し解読できたのである。この木簡の元のサイズは、長さ約二尺、幅約一寸、厚さ一ミリと推定された。

平成二十年五月二十二日、栄原氏は報道発表を行い、全国紙でも第一面の記事として取り上げられた。この木簡は、平成九年（一九九七）に滋賀県・紫香楽宮《しがらきのみや》跡（宮町遺跡）の中心付近、西大溝と南大溝との合流点から出土していた。紫香楽宮とは、聖武天皇が近江国甲賀郡に営んだ離宮である。

栄原氏は、「なにはつ木簡」背面の「阿佐可夜」「流夜真」の七文字を判読し、赤外線映像装置で確認した。そして「阿佐可夜麻加気佐閇美由流夜真乃井能安佐伎己、呂乎和可於母波奈久尓」と書かれた木簡であることが推定され、「あさかやま木簡」と称した。

　同氏は、「阿佐可はすぐに読めた。瞬間的に、万葉歌だ、あの古今集序文のセット関係（歌の父母）だと直感し、心臓のところでドキンと音がした」と述懐している。

　この木簡の埋没の下限は、天平十六年（七四四）末から十七年はじめごろまでと推定された。よって、木簡の「安積山の歌」は、天平十七年以前に書かれたことになる。

　「安積山の歌」をふくむ『万葉集』十五巻本は、天平十七年以降の数年の間に成立した。したがって、「あさかやま木簡」は、『万葉集』の歌を書き写したものではないことがわかる。木簡の書き手と万葉集の編纂者とは、それぞれが別途に伝承した「安積山の歌」を記したのだ。

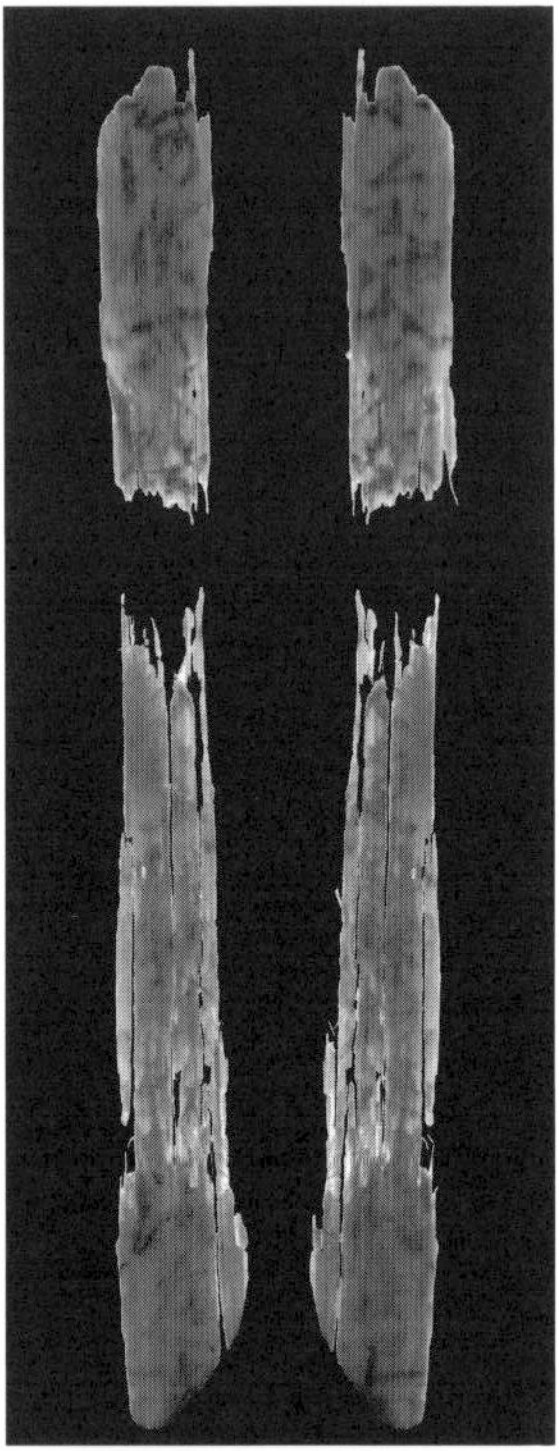

史跡紫香楽宮跡出土（宮町地区）
万葉歌木簡　赤外線写真
甲賀市教育委員会提供

　紀貫之『古今和歌集』仮名序は、日本文学史上初めて本格的に和歌を評論した歌論として知られる。仮名序は、難波津と安積山の二歌を「歌の父母《ちちはは》」と称えている。左に記す。

「難波津の歌」は御門《みかど》の御始《おんはじめ》なり。安積山のことばは、采女のたはぶれよりよみて、この二歌《ふたうた》は、歌の父母《ちちはは》のやうにてぞ、手ならふ人のはじめにもしける。

「あさかやま木簡」にその二歌が書いてある

のだから、難波津と安積山のセット関係は、紀貫之の時代から百五十年もさかのぼった。二歌のセットは、天平時代からの共通認識であったようだ。

　鎌倉時代初期の『新古今和歌集』真名序に、「斟難波津之遺流、尋浅香山之芳躅」という句がある。「難波津の遺流を斟《く》み、浅香山の芳躅《ほうちょく》（前人の善い行跡）を尋ぬ」と読む。北原白秋が「日本短歌最上の象徴芸術」と評した新古今にも「歌の父母」が継承され、二歌は古典として重んじられたのである。

葛城王、後の橘諸兄

　葛城王（後の橘諸兄《たちばなのもろえ》）は天武天皇の十三年（六八四）生まれ。父は第三十代敏達天皇の裔《すえ》・美《み》努《ぬ》王、母は県犬養橘三千代《あがたいぬかいのたちばなのみちよ》（県犬養氏＋橘宿禰姓）である。

　三千代は宮人《くにん》（宮中に奉仕する女官）として天武から聖武までの歴代天皇に仕え、破格の待遇を受けて正三位にまで昇った。宮人と采女は職務が似ている。葛城王は宮人の息子だったがゆえに、采女により親近感を持ち得たのかもしれない。

　美努王は六九四年筑紫太宰率《だざいのそち》となり、三千代を京に残して太宰府に赴任した。王が不在の間に、三千代の夫が藤原不比等《ふひと》に替わったようだ。通い婚の時代のことである。

　不比等と三千代の間に、大宝元年（七〇一）、安宿媛《あすかべひめ》（後の光明皇后）が生まれた。三千代は女官から身を立てて、皇族・美努王次いで不比等の妻、橘諸兄と光明皇后の母となり、権力の中枢へと入りこんだ。

　葛城王は天平八年（七三六）臣籍に降り、母の橘宿禰姓を賜って橘諸兄となる。次の万葉歌は、それを祝って聖武天皇が詠んものだ。

（七三六年）冬十一月に、左大弁葛城王等に姓橘氏を賜ひし時の御製歌《おおみうた》一首

橘は実さへ花さへその葉さへ
　枝《え》に霜降れどいや常葉《とこは》の樹

（巻六・一〇〇九）

右は、冬十一月九日に、従三位葛城王と従四位上佐為王等と、皇族の高名を辞して外家《がいか》（外戚）の橘の姓を賜はること已に訖《おわ》りぬ。（以下略）

この歌の時、聖武天皇は三十六歳、橘姓を賜った葛城王は五十三歳である。

翌天平九年（七三七）、天然痘の流行によって、藤原武智麻呂ら政権を握っていた藤原四兄弟や弟の橘佐為が病死した。橘諸兄は大納言に昇進し、突如として政権の中心に躍り出た。天平十年（七三八）、諸兄は正三位右大臣に任ぜられ、これ以降、国政は諸兄が担当し、吉備真備《きびのまきび》と玄昉《げんぼう》とをブレインにし、聖武天皇に仕えた。

天平十五年（七四三）、左大臣。「やまと」の表記「大倭」を「大和」に改定する。聖武天皇・光明皇后の意思に沿って、仏教による鎮護国家の政策を進める。諸国地図の作成や、大学の整備なども行った。

天平勝宝四年（七五二）、聖武上皇は正一位左大臣橘諸兄宅（井手の別荘）へ行幸し、肆宴《とよのあかり》を催して歌を詠み、諸兄・藤原八束《やつか》・大伴家持《おおとものやかもち》が侍った。八束は諸兄の甥。このころが諸兄の絶頂期である。その後、政情不安の中、政治の実権は藤原仲麻呂に移行した。天平勝宝九年（七五七）没。

『栄花物語』巻第一「月の宴」に、「昔高野の女帝（孝謙天皇）の御代、天平勝宝五年（七五三）には、左大臣橘卿、諸卿、大夫等集りて、万葉集を撰ばせ給ふ」との記述があ

る。仙覚は、『万葉集』は橘諸兄と大伴家持とが共同で撰したとする。

『万葉集』は、当初橘諸兄が中心となって歌を選録し、徐々に大伴家持が引き継いで完成させた。その中で家持が、諸兄から聞いた安積采女の逸話を録したのであろう。

「安積山の歌」を収める『万葉集』巻第十六までの部分は、天平十六年（七四四）までの歌である。すべて完成した時期は、中西進氏は宝亀年間（七七〇～八〇）と推測している。

葛城王は三人いる

斎藤茂吉は、葛城王が橘諸兄ではないという。おそらく、江戸時代の万葉学者契沖《けいちゅう》の説にもとづいたのであろう。契沖『代匠記』（『契沖全集』第四巻）にその記述がある。注5

契沖によれば、葛城王という名の人は歴史上三人いて、安積に来た葛城王は諸兄ではなく天武天皇（在位　六七三～八六年）のころの葛城王だという（『代匠記』初稿本は非諸兄説だが、精撰本では前説を訂正し、諸兄説を肯定している）。

契沖は、諸兄でない理由として、「安積山の歌」の冒頭の「伝へて云はく」という言葉を挙げている。『万葉集』編纂者の大伴家持と橘諸兄とは親しかった。「安積山の歌」が橘諸兄に関わる伝聞なら、家持が他人行儀に「伝へて云はく」とするはずがない。また、葛城王が橘諸兄だという注記もない。だから、橘諸兄の事ではなく昔の伝説なのだ、と主張する。

斎藤茂吉は契沖の説を信じ、「伝説であるから実は誰であってもかまわぬ」という。

私は『万葉集』の「伝へて云はく」にはじまる題詞をすべて調べた。契沖がいうように、昔の伝説もあった。しかし多くは年代不明だった。

「安積山の歌」を収める『万葉集』巻第十六に、佐為王《さいのおおきみ》の侍女が詠んだ「夫《せ》の君を恋ふる歌」注6があり、その題詞に「伝へて云はく」とある。佐為王は、父が美努《みぬ》王（敏達天皇系）、母が県《あがた》犬養《いぬかいの》　橘《たちばなの》　三千代《みちよ》である。兄が葛城王（橘諸兄）で、後に橘佐為となる。東宮の首皇子《おびとのみこ》（のちの聖武天皇）に教育係として侍した。天平六（七三四）～七年ごろ、内匠寮《うちのたくみのつかさ》の長官。

この歌は、「伝へて云はく」として、葛城王の弟の佐為王に関わる伝聞を記している。この題詞の存在によって、「伝へて云はく」の内容が、遠い過去のことに限定されることなく、同時代の身近な伝聞であってもよいことになる。よって、契沖の「当時の事にて右の歌伝へて云はくといふべからず」という見解を否定する。

契沖は、「左大臣の事なりと注したはずだ」ともいう。しかしながら、当時葛城王といえば、それが橘諸兄を指すことは、わざわざ注記を付けなくとも自明のことであろう。むしろ、天武天皇のころの葛城王であれば、注を付ける必要があったはずだ。

そもそも皇族が陸奥国に下向することは、天武天皇の御世にはあり得ない。そのころ陸奥国に、多賀城クラスの国家的プロジェクトはない。

紀貫之がいうところの「歌の父母《ちちはは》」の、「難波津の歌」（難波津に咲くやこの花冬ごもり今は春べと咲くやこの花）と「安積山の歌」との人物のつり合いも考慮すべきであろう。父歌が大昔仁政を行った仁徳天皇と王仁《わに》、母歌が天平時代の宰相・橘諸兄と安積采女だから、バランスがとれる。葛城王は橘諸兄でなければならない。

七二四年に下向

「安積山の歌」の題詞に、葛城王が陸奥国に下向したことが記されている。後の聖武天皇の御世の宰相、『万葉集』編纂にも関わる天平文化の中心人物が来たのである。天平文化は天平年間（七二九～四九）を中心に栄えた文化で、唐や西域の影響を受けつつ、日本人の美意識とも融合し、すぐれた美術や建築を生み出した。

陸奥国府・多賀城政庁復元模型　宮城県多賀城跡調査研究所
東北歴史博物館提供

　葛城王にとって、安積郡衙は目的地ではない。皇族の葛城王が行くとすれば、その先にある陸奥国府・多賀城しかない。国府に用事があって行くには、必ず安積郡を通ることになる。

　多賀城は、古代東北の政治・軍事の中心である。エミシの抵抗への対応として、支配体制の強化のために建設された。国家的プロジェクトであった。

　多賀城碑（国宝）が江戸時代に発見されて、その碑文から、多賀城は神亀元年（七二四）に按察使《あぜち》兼鎮守将軍大野東人《おおののあずまひと》が建てたことが判明した。令和六年（二〇二四）は多賀城が創建千三百年の年である。そのシンボルとして高さ十四メートルの南門が当時と同じ場所に復元された。クリ材を使い、柱や屋根に赤い土を塗るなど、古代の技法が使われた。

　鈴木啓氏は、「葛城王は多賀城の完成式典に聖武天皇の名代として出席したか」という。これ以外に皇族が古代東北に来ることはなかろう。ただし「名代」ではなく「使者」だと思う。

神亀元年二月、二十四歳にして聖武天皇が即位した。その使者の葛城王は四十歳、従四位下である。おそらく葛城王は、多賀城に行く途中、安積郡衙に宿泊した。令和六年は葛城王安積郡来郡千三百年記念の年である。

安積采女伝説の作者は、葛城王が巡察使として陸奥国に下向したと考えたようだ。伝説では、「安積郡では冷害が続いて米がとれず、年貢が滞っていた。郡司は三年間の年貢免除を願い出た。葛城王は、「安積山の歌」を詠んだ春姫を采女として献上することを条件に、帝に年貢免除を要請するとした。帰途、奈良の都に連れ帰った」という。

巡察使は、律令制において地方官を監察するために置いた官職であり、ひろく内外の官人から清廉の者を選任した。清廉の者であれば、年貢免除要請の代償として、気に入った女性を連れ去るようなことはしないだろう。巡察使は、高いモラルが求められる官職である。

史実と伝説とは正反対である。『続日本紀』[注4]の記述の通り、史実では、陸奥国はエミシとの戦いがあるという理由によって、采女を帰国させている。

安積郡衙と虎丸長者

陸奥国安積郡衙址は七世紀末から十世紀中ごろまでの遺跡で、清水台遺跡ともいう。郡衙の規模は南北七〇〇メートル、東西四二〇メートルで、郡山市清水台、虎丸、赤木、神明、咲田の一帯にある。古来、古瓦・柱跡・土師器・須恵器・炭化米が出土する。

安積郡衙の周辺には郡衙と同時代の集落の遺跡がある。桃見台遺跡、咲田遺跡（咲田一丁目）、虎丸遺跡（虎丸町）という。郡衙を取り巻いて集落が形成されていたのだろう。

地誌『相生集』「虎丸長者宅址」に、安積郡衙のことが書いてあり、左に記す。


鎮守八幡（今の安積国造神社）の社後、上台《うわのだい》といふ処にあり。今は畑となる。其の所より廃瓦を掘出す事ままあり。瓦が多賀城のに比して少しもろく、中に布目瓦と称するものあり。是を第一品とす。

旧事考に、是れ虎丸長者の住みたる所にはあらじ。又中古の堡主《ほうしゅ》などの居りしにもあるべからず。或は上世に貴族の守りし城址ならんか。


つまり、江戸時代の知識人は虎丸長者伝説に注7検討を加え、上代に貴族が守った城趾であろうかと推測していた。地名「力持《ちからもち》」（現・虎丸町の南部）については、『相生集』は「主税《ちから》（田地に課された租税）の誤り」と見抜いている。


また「一所焦米の出る畑あり。税米を納めし廩《くら》跡なり」とある。これは炭化米の記述である。

炭化米とは焼けて炭化した米のことで、焼米《やきごめ》ともいう。焼米は郡衙跡から必ず出土し、寺跡からは出ない。郡衙には、税として徴収した米を貯蔵していた倉庫がある。それが火災によって焼けて、米が炭化するのである。

全国的に、郡衙が存在した所にはかならず長者伝説が存在する。おそらく蓮華文の軒瓦の形状から、虎丸の名が付いたのであろう。蓮華文は蓮を図案化した文様で、古代エジプトが起源で、インドを経て中国朝鮮、そして日本へと伝来した。瓦は、麓山や開成山の斜面に築かれた瓦窯で生産された。

堂前町の如宝寺の左の馬頭観音堂は、虎丸長者の創建と伝える。境内の地名は観音林という。「いぼなし鐘」は国指定の重要美術品である。疣《いぼ》の代わりに梵字を配置する。

郡山市名発祥の地

かつて郡山の地名の発祥は、橘為仲《ためなか》の歌「陸奥の芳賀のしば原春くればふく風いとどかほる山里」から起こるといわれていた。それで郡山市内の橘、芳賀、薫、わが母校・芳山の四小学校の名が付いたが、この歌は後世の偽作である。

郡山市名は安積郡衙から発祥した。郡衙の址は清水台遺跡と称し、昭和三十九年から現在にいたる発掘調査によって、郡衙であることが確定している。掘立柱建物跡三五棟、柵列六列、溝跡二四乗などが検出され、蓮華文の軒丸瓦や墨書土器などが出土した。

清水台遺跡は市街地にあるので、発掘もなかなか進まない。その範囲内で建築工事を行うときは、発掘調査を実施することになっている。平成四年『アサヒグラフ』に、「都市を掘る安積郡役所のロマン　福島県郡山市」と題して当遺跡が紹介された。同書では、当遺跡を千五百ピースのジグソーパズルにたとえた。

ずっしりと重い瓦や柱跡から想像するに、瓦を葺いた太い柱の立派な建物が、この郡衙にたくさん建っていたのである。通常の郡衙よりも瓦が多く出ているというから、さぞや立派な建物群だったのだろう。エミシ平定の後方拠点の要衝たるにふさわしい。

近年さらに大きな発見があった。清水台遺跡の東部に位置する郡山病院の施設建設に伴って、平成二十九年と令和二年の発掘調査が行われた。この時、郡庁と見られる掘立柱の建物の存在が判明した。柱穴は、直径が一・五《メートル》のものもあった。郡衙はおおよそ正殿・後殿・東脇殿・西脇殿・前殿（あるいは南門）から構成される。東脇殿の柱穴かもしれない。

「厨」という文字を墨書した土器も出土した。

厨家《くりや》である。これが発見されたのは清水台二丁目の知人の敷地だが、そこで葛城王歓迎の宴の料理がつくられた。

『万葉集』は、安積采女が「右の手に水を持った」と伝えるが、安積郡衙の飲料水は、敷地内の井戸水である。昭和の末ごろまでは、清水台や虎丸町のあちこちに使わなくなった井戸が残っていた。清らかな水が出るので、上ノ台を清水台と言うようになった。

全国の郡衙跡に「コオリヤマ」「コオリ」という地名が残る。県内には伊達郡桑折町などの地名がある。奈良県の大和郡山市は、わが郡山市よりも市制施行が遅かったので、大和を付ける。

葛城王と安積采女の宴の舞台は、この陸奥国安積郡衙と推測される。令和六年二月、郡山市制施行百年を記念し、郡山ロータリークラブは郡衙石標を建立した。南面に「奈良平安時代 陸奥国安積郡衙址」と刻す。設置場所は、虎丸町の、さくら通りに面した公園である。

安積郡衙の石標

安達太良山が安積山

安積山の候補は三つある。松尾芭蕉や新井白石は、今の日和田町の安積山公園を安積山だと思った。江戸時代、この山は、街道筋の歌枕安積山の名所として庶民に親しまれ、恰好の休息所として賑わい、茶店などもあった。

しかし中世の資料に、日和田説を裏づけるものはない。また山というには小さすぎる。あれは安積山に見立てた丘であろう。

『相生集』に、「蓮生法師が歌のはし書に、あさか山を越はべりけるに云々あるも、古の間道なりし事知るべし。日和田なるは平地に孤立したる山なるを殊更に越ゆべきいはれなし」とある。つまり『相生集』の作者は、考証学的に日和田の安積山を否定したのである。

今は、額取山を安積山と称することが多くなった。その論拠として示されるものは、猪苗代兼載（連歌師）の歌である。この歌は、制作年代が一五〇二年と推定されている。

安積山片平越て来て見れば
初ほととぎす音信《おとずれ》ぞする

「片平越て」とあるので、片平町から近い額取山が安積山ということになる。

夕顔庵風光選『宗祇戻』（一七五三）には、「海道の右に有るを浅香山と云事あやまれり。二里斗《ばかり》西、片平と云所あさか山の麓なり。片平より廿丁程奥に山井有り」とある。

円錐形の山に神が宿るという信仰がある。額取山は円錐形なので、霊峰とは思われる。しかし、国名の安積を冠するほどの存在感はない。

安積野で周囲の山々を見渡せば、まず目に飛び込んでくるのは安達太良山の勇姿である。安積高等学校の校歌も、「若草萌ゆる安積野や雲にそびゆる安達太郎」で始まる。高橋富雄氏の言を引く。

安達郡の建郡は延喜六年（九〇六）とはっきりしています。それは安積郡からの分離でしたから、安太多良は、万葉時代は安積郡内です。標高一七〇〇《メートル》。安積の北区を限る郡内最高峰、式内社も置かれることになる霊峰でもあります。（「歌の父母」）

その国（郡）を代表する聖なる山を、その固有呼称にかかわりなく、その国（郡）名を冠して、その「父なる山」と仰ぎ讃える例は他にもあります。（「歌の父母」）

会津嶺と同じように、安積山を、安積国一の山、安太多良山の美称と見るのです。（「安太多良真弓　安積采女」）

私はこの安達太良山＝安積山説を支持する。河東碧梧桐《へきごとう》『三千里』明治三十九年十月十一日の条に、「今の安達太郎が『あさか山』で、猪苗代湖が『山の井』でないか、といふ説もある」とあるように、明治時代にも安達太良山説はあったようだ。ただし「猪苗代湖が『山の井』」というのは空論に過ぎず、山中の清水であることは動かしようがない。

安達郡は、農業や製鉄などに進んだ技術を持つ帰化人を住まわせて開発したのであろう。『続日本後紀』承和十年（八四三）の条に、「（十一月）庚子（十六日）安積郡の百姓外少初位下、狛造子押麻呂《こまのみやつこねおしまろ》の戸を改姓して陸奥安達連とした」とある。狛は高麗と同じで、朝鮮半島からの帰化人の家系であることを示している。

延喜六年正月、安積郡の入野《いぬ》・佐戸《さこ》の二郷を割き新たに安達郷を立てて、三郷からなる安達郡が置かれた。中世、安積郡の阿武隈《おうくま》川以東は田村荘、田村郡となる。なお阿武隈を「あぶくま」と読むのは誤りである。

中世安積郡の住人にしてみれば、安達太良山は他郡の山と思うので、それを安積山とは言わなくなる。狭くなった安積郡の山々から額取山が選ばれて、安積山と称したのであろう。

安達太良山＝安積山説を補強するものとして、郡山市大町二丁目鎮座・阿邪訶根《あさかね》神社を挙げる。平安時代の創建と伝える古社である。

かつて郷土史家田中正能氏は、「赤木山にあった阿邪訶《あさか》（国造神社）の根だから、ふもとの拝殿なのであろう」と言った。赤木山は近代になって削られてしまったが、もとは山裾が阿邪訶根神社の近くまで続いていた。社殿が東向きに建っていれば赤木山を拝めるのだが、社殿は南向きである。同氏の仮説は、「根」を表意文字と解した上での結論である。

私は「根」を表音文字と解する。アサカネはまさに安積嶺《あさかね》・安積山であり、安達太良山である。阿邪訶根神社は、古くは安達太良山をご神体として遥拝するための神社であった。同神社からは額取山は見えないが、ビルのない時代には安達太良山の雄大な姿を望むことができた。

安達太良山は「吾《あ》たたら山」で、「わがたたら場（製鉄所）の山」の意であろう。鉄山という峰もある。

赤木山は神奈備

今の郡山市赤木町の一帯はかつて赤木山で、阿武隈川と逢瀬川に浸食された段丘の地形である。逢瀬川は御霊櫃峠《ごれいびつ》から出て多田野、河内《こうづ》、郡山旧市内を流れ阿武隈川に流れこむ。以前は蛇行し、赤木山の北側では右へ曲がって、山のすぐ下を通った。近代になって川筋をまっすぐにし、全体に北へ移した。

田中正能氏は、赤木山に大安場古墳規模の前方後円墳・学名赤木古墳があったとし、それを安積国造比止禰命の古墳に比定した。

明治二十年、奥州街道から北西方向に行き、今の奥羽大学の前を通って喜久田、安子ヶ島に達する道路（県道安積街道、会津街道）を造るため、赤木山の北東部を削り取った。そのとき赤木古墳の東端（後円部）が壊され、勾玉などの遺物が出た。その土砂は今の駅前二丁目などの湿地帯の埋め立てに使われた。赤木山の山容は、今はよくわからず、赤木神社と神山霊園が残るのみである。

赤木山には千古の昔から国造神社が祀られ、神山《しんざん》という地名が残る。歴史地理的に重要な位置にある。おそらく赤木山は神奈備である。

神奈備は、原始古代の信仰の対象である。神霊が鎮まる聖域で、小山や森のような所である。赤木山の北は逢瀬川の南岸で、かつての字名は幣導内《へいどうない》であった。幣導内とは、御幣の通り道という意味である。おそらく逢瀬川で禊をして心身を清めてから、神奈備の赤木山に登り、祭祀を行った。

阿尺国造比止禰命《あさかのくにのみやつこひとねのみこと》が阿尺の地を治めることとなれば、原始以来の神奈備たる赤木山に神籬《ひもろぎ》を差し立てて降神の儀を行い、阿尺国の安寧を祈願したことだろう。それが安積国造神社の起源と考えられる。

『先代旧事本紀《せんだいくじほんぎ》』（全十巻）は、物部氏系の人物が編纂した史書である。その成立時期は、大同二年（八〇七）から延喜四年（九〇四）の間と推定されている。

同書の巻第十「国造本紀」は、六世紀中ごろから七世紀後半までの間に存在した、全国の国造のリストであるという。工藤浩編『先代旧事本紀論』に、「国造本紀」は「七世紀後半以前にさかのぼる内容を含むことが明らかにされている」とある。

「国造本紀」にもとづけば、阿尺国造は天湯《あまゆ》津彦命《つひこのみこと》を始祖と仰ぐ豪族で、国造の初代は比止禰《ひとねの》命《みこと》である。天湯津彦命の子孫の国造は阿岐（安芸）国造が本流である。他に波久岐《はくき》（山口県吉敷《よしき》郡）国造・怒麻《ぬま》（愛媛県宇摩《うま》郡）国造・阿尺（安積）国造・白河国造・信夫国造・染羽《しめは》（双葉）国造・佐渡国造・思（亘《わたり》の誤記。宮城県亘理《わたり》郡）国造・伊久《いく》（宮城県伊具《いぐ》郡）国造がある。

『先代旧事本紀』巻第三によれば、天湯津彦命は、饒速日尊《にぎはやひのみこと》（物部氏の先祖）の天降りを護衛した神々の一柱《ひとはしら》である。また饒速日尊は天磐船に乗って河内国の河上の哮ケ峯《いかるがみね》（磐船神社付近）に天降りし、大和国鳥見《とみ》の白山《しらやま》に遷座したという。

「国造本紀」中、

「阿尺国造　志賀の高穴穂朝の御世（第十三代成務天皇の時代）、阿岐国造の同祖・天湯津彦命の十世孫比止禰命を国造に定め賜ふ」とある。

『日本書紀』成務天皇五年の条に、

「秋九月、諸国に令して国郡に造長《みやつこおさ》を立て、県邑《あがたむら》に稲置《いなき》（首長）をおき、それぞれ盾矛を賜って印とした。山河を堺として国県を分け、たてよこの道にしたがって邑里を定めた」とあるので、この時に比止禰命は阿尺国造に任ぜられたと考え得る。

しかし成務天皇の時代に、南東北まで、大和朝廷の地方支配体制たる国造制は及んでいない。新野直吉『研究史　国造』に、「四世紀前半にあたるであろう成務朝などに、日本の北から南まで、伊久（伊具郡）から天草まで朝廷の地方支配が行きわたるような事態は考えることができない」とある。また、「実際に国造制の創始された時期は、四世紀末期から五世紀初頭で、日本の氏姓古代で画期的な発展期たる応神・

仁徳朝の頃にあたる」と推定している。

比止禰命の国造就任は五世紀であろう。『郡山の歴史』（郡山市・昭和五九年）に「五世紀の正直古墳、六世紀の堂山古墳や葉山古墳は、いずれも壮大な規模をもつものであり、出土品からみても、阿尺国造との関連が考えられる」とある。

四世紀後半の大安場古墳は、規模が約八十三メートル、東北最大の前方後方墳である。明治の安積開墾では、郡山旧市内で百基、大槻で百八十基の古墳が破壊されている。古墳の築造状況を見れば、安積地方が絶え間なく繁栄していたことがわかる。

かつて赤木山に鎮座した国造神社は、安積郡衙の鬼門（北東）に位置した。安積国鎮護の祭祀を行うに適したところである。古代は祭政一致なので、祭祀も政治も同じである。「まつりごと」という言葉に残る。

石背国府

養老二年（七一八）、石城《いわき》国・石背《いわしろ》国を陸奥国から分置した。『続日本紀』元正天皇の条に、「養老二年五月二日白河・石背・会津・安積・信夫の五郡を割きて石背国を置く」とある。国造制以来の支配が安定した領域を陸奥国から分割したのである。

しかし石城・石背国はわずか三年で廃されて陸奥国に編入された。今泉隆雄氏は養老五年（七二一）八月に再併合したとし、「辺境経営のための人と物資を出す地域として、南奥をやはり陸奥の国内に取り込んだ方がよいと考えた」と推測している。

石背国府が置かれた場所は須賀川市の上人壇廃寺跡付近ともいわれるが、定まらない。石背は、今の岩瀬郡の読みであれば「いわせ」だが、岩代国の「いわしろ」と読んだのであろう。京都府南部の地名「山背・山代」も「やましろ」と読む。

　安積郡衙の東方、阿武隈川西岸の平地に、国府由来の地名が残っている。方八丁（国府の規格八七〇《メートル》四方を示す）と水門《みなと》（舟着き場。水門《すいもん》町）、燧田《ひうちだ》（篝火やのろし、今の通信を賄うための田）という地名は、今もある。

　昭和三十七年、住居表示法のもと町名が変更されて歴史ある地名がほとんど廃され、国府由来の鴻巣《こうのす》（国府）、御殿《ごでん》（高官居住）、行歩内《かちうち》（警固兵居住）、辺代内《へしろうち》（雑役の人の居住）、銀白《ぎんじろ》（貨幣を扱う所）、兵庫田《ひょうごだ》（武器庫）、腫物田《はれもんだ》（腫れ物、病院）、達中場《たっちゅうば》（塔頭）、高石（望楼）といった地名も消された。

　この一帯からは古代の宝飾品が出土することも多く、虎丸長者の別邸ともいわれた。時代は降るが、『類聚三代格』（八一五年）巻十八に、

太政官符す
　一、番を分けて城塞を守らしむる事
兵士六千人　並びに勲九等已上《いじょう》　白丁《はくてい》（無位の成年男子）已上
旧《もとの》数二千人　名取（仙台市南部・名取市・岩沼市）の団一千人　玉造《たまつくり》（大崎市）の団一千人
今請ふて四千人を加ふ　白川の団一千人　安積の団一千人　行方《なめかた》（相馬郡鹿島町・小高町・飯舘村・原町市）の団一千人　小田（宮城県遠田郡東部）の団一千人

とある。

　福島県中通りの信夫・安達・安積・石背・白河の五郡の中で、軍団が置かれたのは、安積・白河二郡のみである。地理的にも安積郡は五郡の中央に位置する。陸奥国支配において、安積郡はとくに重要な郡なのである。国府由来の地

名も鑑みれば、郡山市の方八町や横塚は石背国府所在の有力な候補地と言える。

　安積郡に軍団が置かれたからといって、多くの兵士が召集された悲惨な地域と思うのは誤解である。たとえば多賀城跡（陸奥国府）の外郭を画す大溝の中から、安積軍団所属の会津郡の兵士が、交代勤務を終え玉前剗《たまさきのせき》（岩沼市南長谷の原遺跡）を通って、会津に帰ることを報告した木簡が見つかっている（『多賀城市史』）。安積郡を拠点として広範囲から兵士が召集されたのである。

安積皇子

　おそらく葛城王の母・県犬養橘三千代の後押しで、同族の県犬養広刀自《あがたいぬかいのひろとじ》は、聖武天皇の夫人になった。男児一人、女児二人が生まれ、その男児が安積皇子《あさかのみこ》（七二八～四四）である。皇子の名は、地名「安積」からとったものである。皇子が陸奥国の地名を称することは、この事例以外にはない。

　藤原不比等と県犬養橘三千代との間の娘・安宿媛《あすかべひめ》は、聖武天皇の皇后（光明皇后）になった。男児一人、女児一人が生まれ、男児が皇太子になったが早世した。聖武天皇の男子が安積皇子のみとなったので、将来天皇に即位すると誰もが思ったことだろう。

　七海晧奘氏『安積采女と万葉集』に、「安積親王の名づけ親こそ、聖武天皇に覚えの良かった葛城王でした」とある。しかし葛城王はまだ従四位下である。

　安積皇子の母・県犬養広刀自は、県犬養の出世頭の三千代に皇子の命名を相談したことだろう。三千代は正三位、皇后の母で、故藤原不比等の妻、六十四歳である。そうなれば三千代は、息子の葛城王に意見を聞いた。葛城王が「安積皇子」の名を創案して三千代に言上し、三千代が広刀自に提案したのかもしれない。

安積皇子が十一歳の時、聖武天皇と皇后安宿媛《あすかべひめ》との間の女児・阿倍内親王が皇太子に立った。史上唯一の、女性の皇太子である。安宿媛は藤原不比等の孫娘である。藤原氏の権力は、男系継承をないがしろにするほど、強大化していたのである。

『続日本紀』によれば、天平十六年（七四四）正月十一日、聖武天皇は難波宮に行幸した。そのとき藤原仲麻呂を留守官に任じた。この日、安積皇子は脚の病のため、桜井の頓宮《とんぐう》（仮宮）から恭仁京《くにのみやこ》に還った。同年正月十三日、安積皇子が十七歳で薨去した。

栄原永遠男氏は、「安積皇子は皇位継承問題の中心にいた。その彼が急死したので、昔から暗殺説が唱えられてきた。勿論真相はわからないが、阿倍皇太子擁護派にとっては、絶妙のタイミングであったことはたしかだ」という。安積皇子は藤原氏によって毒殺されたようである。

安積皇子の墳墓が京都府相楽郡和束町の太鼓山という丘にあり、宮内庁の立札が立つ。明治時代、「安積王墳」と書かれた絵図が発見されたことから、安積親王和束墓に治定された。しかし根拠の絵図は現存せず、偽文書の疑いもある。直径八メートル、高さ一・五メートルの円墳で、古墳時代の形状である。

『万葉集』編纂者・大伴家持

二十代のころの大伴家持は、相聞歌《そうもんか》を往来して、歌の才能を発揮していた。

人も無き国もあらぬか吾妹子《わぎもこ》と
携《たづさ》ひ行きて副《たぐ》ひてをらむ（巻四・七二八）

（誰もいない国がないものか。あなたを連れていって、一緒にいたいものよ）

これは二十二歳の大伴家持が、後に正妻となる大伴坂上大嬢《さかのうえのおおいらつめ》に贈った歌である。一旦別れて、天平十一年（七三九）から再び交際したころの作。

天平十六年（七四四）正月、安積皇子突然の薨去の時、家持は二十七歳、内舎人《うどねり》であった。内舎人とは、帯刀して朝廷に宿衛し、雑使に従事し、行幸には左右前後に供奉して警衛する職だ。

家持は、安積皇子への挽歌六首を作った。挽歌は、死者を葬る時に、棺を挽《ひ》く者が歌う。死を悲しむ歌である。『万葉集』巻第三の四七五番から四七九番までの歌である。長歌の句に、

こいまろび　ひづち泣けども
せむすべも無し（巻三・四七五）

（舎人たちは大地に身を投げ出し、衣を濡らして泣くのだが、どうしようもない）

とある。皇族や名門大伴氏は、安積皇子の天皇即位を夢見ていた。薨去の衝撃は、家持にとっても、非常に大きなものであった。

天平十八年（七四六）、家持は越中守に就任する。『万葉集』に越中時代の五年間の二二三首の歌が載る。越中の自然を題材とするものが多い。なお越中時代以前の歌は一五八首、越中時代以後の歌は九二首である。

家持は、天平勝宝三年（七五一）少納言に任ぜられて越中から帰京し、藤原氏の興隆と大伴氏ら旧来の勢力の衰退とを目の当たりにする。

自分の本来の血統の重さをあらためて認識し、愁《うれ》いを深めたことだろう。左は同五年（七五三）二月の作歌である。

わが宿のいささ群竹《むらたけ》吹く風の
　音のかそけきこの夕べかも
（巻十九・四二九一）

（わが家のいささかの群竹を吹く風の音がかすかに聞こえて来る、この寂しい夕暮れかな）

かすかな音に耳を澄ませてわが身の愁いを重ねる、秀逸な歌である。「いささ」は「いささか」と同じだが、擬音語「ささ」も兼ねている。また「の」を四度使うことによって、リズムの効果を生み出した。

家持は鋭敏な感性と漢文学の教養を持った歌人であった。若き日は恋の歌に明け暮れ、越中時代には自然を詠んで作風を深化させ、越中時代以後静観円熟の境地にいたった。

家持は名門に相当する出世はできなかったが、『万葉集』の編纂者として後世に不朽の名を残した。古来の大伴氏というバックボーンが、『万葉集』を生み出すもととなった。安積采女の詠歌とその逸話は、橘諸兄から家持に伝えられて、家持が由縁ある歌として『万葉集』に収めた。

『万葉集』は、すぐれた文芸書であるとともに歴史書でもある。正史とは異なる観点にもとづいて、古代の歴史文化民俗人情を伝えた。『万葉集』は、勝者が伝えた正史に対抗し得る。

聖武天皇の治世

聖武天皇の治世は一見華やかに見えるが、実は困難な時代であった。七二四年、二十四歳で即位。この年葛城王は天皇の使者として陸奥国府に赴く。七二五年、平城京で大地震。七三二年、近畿地方で大干魃、翌年飢饉。七三四年、大和・河内で大地震。七三七年、天然痘大流行で貴族や多くの人民が死ぬ。七四〇年、藤原広嗣《ひろつぐ》の乱。このように、禍《わざわい》が次々と起こり、人民の不満は高まり、政治情勢も安定しなかった。

聖武天皇は、七四〇年十二月、平城京から恭仁京《くにのみやこ》に遷都した。ところが七四三年に恭仁宮の造営を中止した。近江の国の僻地に紫香楽宮を築造し、ここに大仏を建立しようとした。さらに難波京に遷都し、それから平城京に戻った。七四〇年から七四五年のわずか五年のうちに、非現実的な遷都を繰り返した。

七四一年、国分寺建立の詔《みことのり》、七四三年、大仏造立の詔を発した。これらは、仏教の力に頼って災いから逃れ、国家安泰をもたらそうという目的で行われた。護国仏教である。そのさなかの七四四年正月、安積皇子がおそらく暗殺された。

七四三年、墾田永年私財法を発布し、自分で新しく開墾した耕地の永年私財化を認めた。つまり国家の資金が足りなくなって、安易に法令を改変したのだ。その結果、大化の改新以来の律令制が崩壊した。

聖武天皇の巨大かつ常軌を逸した公共事業は、膨大な浪費を招き、非常な重税と過重な労役によって人民を苦しめたため、反発は大きかった。七四五年、紫香楽宮の周囲の山々で放火が相次いだのは、そのあらわれである。

七四五年、大仏造立が開始された。七四九年、聖武天皇の娘・阿倍内親王が孝謙天皇として即位し、聖武は上皇となる。七五二年、東大寺の大仏開眼の法要が国家の行事として行われた。なお孝謙天皇は後に称徳天皇として再び即位した女帝で、道教を寵愛して政治が混乱する。

聖武天皇の異常な浪費を支えた橘諸兄は、宰相としてはどう評価すべきであろうか。安積艮斎『史論』「吉備真備《きびのまきび》」に、聖武天皇にかかわる記述（原漢文）がある。

聖武天皇が在位のとき、皇太后（宮子《みやこ》）は僧玄昉《げんぼう》を寵愛した。藤原広嗣は、玄昉が邪道《じゃどう》を用いて皇太后を惑わし乱していると上言した。天皇は仏教のことばかりで、玄昉を信じて疑わなかった。

玄昉はびくびくして、広嗣のことを讒言《ざんげん》した。広嗣は官位を下げられて大宰少弐となった。そのとき真備はすでに朝廷のまつりごとに参与していたが、優柔不断で機嫌をとるばかりで、諫めることができなかった。広嗣は憤怒して上表し、玄昉・真備の罪悪を言い尽くし、これを誅《ちゅう》せんことを乞うた。

聖武天皇がかえりみなかったので、広嗣は兵を挙げて反乱を起こした。君の側近の悪を除こうとしたが、ついに敗死した。この時、玄昉は筑紫に謫《たく》せられ、真備も官位を下げられて肥前守となった。

とある。聖武天皇の治世については否定的である。

唐の影響

唐は世界帝国であり、国際色が豊かで、日本・新羅・渤海など東アジア諸国から多くの人が訪れた。シルクロードを通じて西域の文化が流入し、異国的雰囲気もあった。なお郡山市内で出土した二彩浄瓶はインド起源だ。

唐の律令制は当時世界でもっとも進んだ政治体制であったが、日本もそれを導入して国家の体制をととのえた。唐の長安城をモデルにして平城京をつくった。

聖武天皇の在位は七二四年から七四九年、唐の玄宗《げんそう》皇帝の在位は七一二年から七五六年である。聖武天皇の治世には天平文化が花開いて万葉の秀歌が詠まれ、玄宗の治世は唐文化の全盛期となって李白や杜甫の詩がひときわ輝いた。

遣唐使は、唐の制度や文物を導入するのが主な目的で、六三〇年に始まり、八九四年に中止された。十数回派遣し、一行は二五〇人から五〇〇人以上で、四隻に分乗した。二、三年で帰国した。

吉備真備と玄昉は、七一七年の遣唐使の一員として唐の都・長安に留学した。その同期に阿倍仲麻呂がいる。仲麻呂は唐の最高学府で学び、登用されて玄宗皇帝に仕えた。七二四年、安積郡衙で葛城王と前采女が邂逅、その翌年、仲麻呂は洛陽の司経局校書として任官した。仲麻呂は頭角を現して出世し、李白・王維ら詩人と親交した。

七二五年、最盛期の玄宗は泰山で封禅《ほうぜん》の儀を行った。これは治世の栄えを国内外に知らしめるための大祭であった。「泰山《たいざん》銘を紀《しる》す」の碑文は、泰山山頂の岩壁に彫られて現存する。玄宗の撰文揮毫である。

七三五年、玄宗は美貌の玉環という女性を召

泰山の岩壁

し出して、第十八王子の寿王の妃とした。髪が黒く輝き、肌はきめこまかく、しなやかで美しく、ふくよかな女性であった。七四〇年、玉環は長安の郊外の温泉宮に召されて、玄宗の寵愛を受けることになった。五十六歳の玄宗が、息子の愛妃を奪ったのである。玉環は二十二歳である。この女性は七四五年に楊貴妃となる。

楊貴妃は皇后の経費の半分を使うことができ、なまめかしく装い、よく物事に気づき、玄宗の心にかなうようにふるまった。玄宗はますます夢中になり、政治がおろそかになって、世が乱れた。当時日本でもふくよかな女性が好まれたが、唐の影響かもしれない。

唐代は国家安泰をはかるための護国仏教が盛んになって、道教を上回る宗教勢力となった。遣唐使を通じて、唐の護国仏教が日本に流入した。聖武天皇とその母宮子《みやこ》は仏教に帰依し、国中に国分寺が建てられ、奈良の大仏が建立された。日本の護国仏教は、唐以上に発展した。

唐では、中唐の韓愈ら儒学思想家が仏教を排撃するなど、対抗する思想が存在したので、護国仏教も日本のようには席捲しなかった。日本の神道は多神教なので、寛容性に富み、外来宗教と習合する性質を持っている。日本の儒学は政治社会に取り入れられていたが、まだ思想的には深化していなかった。日本には排撃する思想がなかったので、護国仏教が大きく伸展したのである。

安積沼の花かつみ

陸奥の安積の沼の花かつみ
かつ見る人に恋ひやわたらむ
よみ人知らず

これは言わずと知れた、歌枕・安積沼をよみこんだ秀歌である。『古今和歌集』巻第十四・恋歌四の冒頭を飾る。「陸奥の……花かつみ」までは、「かつ見る」を導く序詞である。「いつも顔を見合わせているのに、恋い慕うだけで、いつになったらその次の段階になるのだろうか」の意。

花かつみをヒメシャガとするのは、『相生集』にもとづくものである。明治九年六月、明治天皇の東北巡幸にて、日和田の安積山の麓でご休息の時、ヒメシャガを花かつみとして天覧に供したのですっかり定着した。

しかしヒメシャガは山地の半日陰の湿っぽい傾斜地に生える草である。沼の水辺のような生存競争の激しい所では生き残れない。安積沼は、日和田町にあった大きな沼である。

この「花かつみ」が何なのかは、日本文学上の議論となってきた。

安積沼の恋歌の本歌は、『万葉集』の、

をみなへし佐紀《さき》沢《さわ》に生ふる花かつみ
かつても知らぬ恋もするかも

（巻四・六七五）

である。これは中臣女郎《なかとみのいらつめ》が大伴家持に贈った歌で、「かつてはまったく経験しなかった恋もするものですね」の意。

佐紀沢の歌を本歌とし、本歌取りの技法を用いて安積沼の歌が詠まれた。「佐紀沢」は「咲き」、「安積沼」は「咲かぬま」で、ともに「花かつみ」を導き出す縁語である。

佐紀沢の歌は、万葉仮名の「都（かつて）」を「みやこ」と誤読し、「みやこも知らぬ恋もするかも」と読んで、意味不明の歌となり、忘れ去られた。安積沼の歌ばかりが有名になった。平安時代の能因法師は、安積郡の地元の話から、

「花かつみ」をマコモとした。

　江戸時代、考証学が発展し、佐紀沢の歌の「都」が「かつて」と読むことが判明した。「かつても知らぬ恋もするかも」となって、佐紀沢の歌が秀歌として再評価された。

　江戸の国学者は、「花かつみ」がアヤメとして詠まれていた例を示し、マコモの小さな花では弱いとした。松平定信もアヤメ説に賛同した。近代の学者もそれを継承した。沢瀉《おもだか》久孝は「花あやめか花菖蒲」、窪田章一郎氏は「カキツバタの類」、中西進氏は「アヤメか」とした。

「花かつみ」は、ノハナショウブ（ハナショウブの原種）・アヤメ・カキツバタの三つに絞られる。さて、安積沼の歌の本歌の、佐紀沢の歌の趣に合うのはどれか。

　佐紀沢の歌の意は、女性からの大胆な求愛である。ノハナショウブは、すっとした美しい立ち姿で、赤紫色の花びらが垂れる。佐紀沢の歌の趣にぴったりだ。これこそ「花かつみ」であろう。

　安積沼の花かつみは、本歌の表現の踏襲と見ればノハナショウブとなり、華やかな歌になる。マコモやヒメシャガでは地味過ぎる。

　安積国（安積・安達・田村三郡）は歌枕が福島県内でもっとも豊富で、安積山、安積沼、安達太良山、安達原、阿武隈《おうくま》川がある。県内には、会津嶺、下紐《したひも》の関、信夫、白河の関、勿来の関、真野《まの》の萱原《かやはら》がある。

安積采女伝説の創始

安積采女に関わる万葉の故事をひもとくと、安積、郡山の燦然と輝く歴史が見えてくる。その一方で、世間には安積采女伝説が存在する。

　この采女伝説というものは古くはない。江戸時代の『相生集』にも記されていない。同書は葛城王や采女の史跡を紹介するのみである。

安積采女伝説で、文字化されている古い資料として、明治三十三年十一月、永井喜作編輯《へんしゅう》兼発行『郡山みやげ』がある。当時郡山町の文化の中心にいた群峯吟社の俳人たちが協力して作成したものである。

『郡山みやげ』に、「山の井の事跡」という項目がある。その構成は、「郡山の西二里余片平村にあり」+『大和物語』[注8]百五十段（古文）+『万葉集』「安積山の歌」（万葉仮名）+題詞（漢文）+和歌一首+俳句三首という順序で成り立っている。おそらくこれが安積采女伝説の源流であろう。

この中の『大和物語』百五十段は、奈良の采女伝説の源流でもある。文中、天皇が采女を召して愛したことが書かれているが、これは稀有な事例である。采女は天皇皇后に近侍し、身の回りの庶事を行った女官である。猿沢池の西北畔には、采女を祀る神社（春日大社の境外末社）が鎮座し、旧暦八月十五日に采女祭が行われる。

安積采女伝説の変容

時代が下ると、安積采女伝説の内容が変化している。采女が愛慕した対象が帝ではなく、安積郡の小糠次郎になっている。『郡山市史　第一巻』（昭和五十年）に、次のように要約されている。


小糠次郎という者が、たぐいない美女を妻として一刻もそばを離さないので、妻は自分の絵姿をかいて渡した。

次郎は絵姿を畑に立ててそれを見ながら田畑をたがやしていた。ところが大風が吹いてきてその絵姿が吹きとばされて都へ飛んでいった。

これをみた都の高貴な方が、このような日本一の美女はどこの誰かとさがさせ、はるばる都から安積の里までやってきて、女をつれて都に帰り愛した。

妻を失った次郎はさがし求めたが、手のとどかない都に行ったと聞いて片平の山の井の清水に入って死んでしまった。

さて奈良の都にのぼり高貴な方のもとで栄華の生活をしていた女は、次郎が忘れがたく、「安積香山」の歌をのこして猿沢の池のほとりにある衣かけの柳に衣をぬぎかけ、池に身を投じたとみせかけて安積の里に帰った。しかし、恋しい次郎の死をきくと、山の井の清水のほとり衣掛に衣服をかけて入水した。

『郡山市史』は、「前半は絵姿女房型、後半が猿沢池の采女入水物語」と分析している。前半は民話で、後半は『大和物語』百五十[注8]、百五十五段にもとづく。新たに小糠次郎というキャラクターを作ったのは、郡山市民が感情移入しやすくするための工夫であろう。

采女は小糠次郎の妻という設定。「小糠」は「来ぬか来ぬか」と、都人に拉致された妻の帰りを待ち焦がれる意。「小糠」という苗字は庶民的だが、采女は郡司の娘だから、夫も身分の高い人でなければならない。

安積采女伝説は、『大和物語』百五十五段の美女を拉致する話を付け足して、皇族が采女を拉致した話に変えた。伝説は史実とかけ離れ、誇らしい逸話が痛ましい悲話に転じてしまった。

葛城王祠碑

王宮《おうのみや》伊豆神社に、江戸中期の儒学者戸崎淡園が撰文した葛城王祠碑がある。碑文に、「其の祠の傍に采女の塚有り」とある。つまり同神社の後方の塚（墳墓）を采女の墓とする。葛城王（橘諸兄）墓は京都府綴喜《つづき》郡井手《いで》町にある。

「山の井」は、『相生集』に「片平村にあり。方二間ばかりの秀水なりといふ」とある。しかしながら、安達太良山、額取山、日和田の安積山はみな、片平の山の井には映らない。「山の井」は、山影が映る山中の清水のことである。

ここに葛城王祠碑文の読み下し文を記し、原文（漢文）は注10に録す。

所在地　王宮伊豆神社境内　郡山市片平町
立碑年　寛政五年（一七九三）
題字・撰文者　戸崎允明　号、淡園　守山藩儒
建立者　安藤親民　王宮権現祠官
碑　身　高一五〇cm×横六六cm×奥四六cm

碑の上部に「葛城王祠碑」の篆額《てんがく》を刻す。趺石《ふせき》（石碑の台石）は亀の形で、これを亀趺《きふ》という。『古今事物考』に、「唐の葬令、五品以上は螭首《ちしゅ》（碑首に刻したみずちの形）亀趺、五品を降れば、碣《けつ》を方趺（石碑の台石の方形のもの）円首と為す」とある。葛城王は貴人ゆえ、その碑に亀趺を用いた。亀趺の亀は贔屓《ひき》といい、龍になれなかった一子で、重いものを背負うことを好むという。

安積山の東、葛城王祠碑文

守山藩　淡園崎　允明文并びに書

王宮権現祠官　安藤親民　建つ

奥《おう》の安積郡安積山の東、片平村、葛城王祠は是れ王宮権現と為す。

相伝ふ、「昔、王、奥を按ず。国司謹まず。王、色悦びず、饗《うたげ》に及ぶも飽かず。此の時に当たりて、州県に好女の宮《こうじょ》に入りて采女と為り、年満

ちて郷に還る有り。是れ倩《せん》たりと曰ふ。旧《もと》采女と為りて還り処《お》る者なれば、酒を行ひ、王に慍色《うんしょく》有るを見て之を憂ふ。乃ち起《た》ちて杯を挙げて、水を王の膝に濺ぎ、遂に安積山の井の歌を詠めり。王、其の意《こころ》を恤《あわれ》み、歓を罄《つく》して日を終ふ」と。是の歌は載せて万葉集に在り。

凡そ性の木訥《ぼくとつ》なる者は、径行、野意《やい》を以てす。国司に此の性有りて、此の患《うれ》ひを致す。山井は浅くして清し。吾思はずとは、国司自《みずか》ら之を思はざるを謂ふなり。水を王の膝に濺ぐは、雨露の恩有らんことを請ふなり。山下の井の浅くして山影見ゆるを以て、之が恩と為す。山下の井の浅くして山影見ゆるは、自ら其の浅きを思はざるに興《きょう》するなり。故に王の心釈然たり。

和歌者流は、斯《こ》の歌と難波津の歌とを以て和歌の父母と為して、以て口実《こうじつ》と為す。王の世次は闕《か》く。其の祠の傍に采女の塚有り、又其の年次を知らず。

意《おも》ふに、昔、州民、田を受くること五年にして互ひに班田を易《か》へ、其の田を巡班せしむ。王の茲に到るは、蓋《けだ》し此の類なり。乃ち其の職を勤むるに至りては、政蹟を案じ、州民を愛恤《あいじゅつ》す。民、其の徳を仰慕して其の祠を建て、今に至るも春秋怠らざるなり。

余、其の咎《とが》を以て、之を知るに勤めず。遂に和歌者流の言、土人奠祀《てんし》の意を併勒《へいろく》するのみ。村長富田明雅、余《わ》が門人前田覚を介して、余に文を請ふ。以て石に顕刻するのみ。

寛政五年、歳は癸丑に在り、夏五月。

○按ず　地方の行政・民情の視察に当たる。允明は、葛城王が按察使に任ぜられて民情を視察したと解釈した。

○倩たり　笑ったとき、口もとがすっきりと美しいさま。

○酒を行ふ　酌をする。

○慍色　むっと怒りを含んだ顔つき。
○径行　少しも遠慮せず思った通りに行う。
○興す　間接的にたとえる。
○口実　語り草。
○王の世次は闕く　葛城王が東下した年代はわからない。
○班田　班田収授のこと。国家が一般の公民に一定の規則によって田地を分け与え、死後これを返させた制度。
○土人　土着の民。
○併勒　一緒に刻する。

新井白石、安積山を詠ず

坂井昭氏のご教示により、かの新井白石が、安積山と采女を詠じた漢詩「浅香山に登る」を作っていたことを知った。『白石遺文拾遺』（安中造士館蔵板・一八四五年刊）巻之下に収められている。二十六句から成る七言古詩である。

白石が仕えた堀田正仲は、はじめ古河藩主で、貞享二年（一六八五）山形藩に移封、同三年福島藩に移封となった。江戸と山形藩・福島藩往復の道中、日和田の安積山のふもとは必ず通る。

新井白石は、朱子学、歴史学、地理学、言語学、文学に通じた人である。「浅香山に登る」は、『万葉集』の「安積山の歌」の逸話を広い視野から解釈したものでもある。一部を紹介する。

東藩将帥迎牙纛　　東藩の将帥《しょうすい》　牙纛《がとう》を迎へ
帓韠弓剣道左班　　帓韠《ばつひつ》弓剣　道左に班《はん》たり

これは、葛城王を迎えるために、安積郡司率いる安積郡の千人の軍団が整列した様子である。

瓊筵高会香山上　　瓊筵《けいえん》高会　香山《こうざん》の上
桂酒椒漿饌白鷴　　桂酒椒漿《けいしゅしょうしょう》　白鷴《はくかん》を饌《せん》す
献酬百拝礼容粛　　献酬百拝　礼容粛たるも
賓意未飽怒疎頑　　賓意未だ飽《あ》かずして疎頑《そがん》を
　　　　　　　　　怒る

白石は、日和田の安積山の上で歓迎の盛宴が開かれたと解釈した。杯を何度もやりとりし、儀容は粛然としていたが、葛城王の心は不満足で、安積郡司の不作法を怒った。

近前美人誰家女　　近づき前《すす》む美人は誰《た》か家の
　　　　　　　　　女《むすめ》ぞ
翠翹玉釵緑雲鬟　　翠翹玉釵《すいぎょうぎょくさい》　緑雲の鬟《わげ》
起奏清歌薦金爵　　起《た》ちて清歌を奏し金爵《きんしゃく》を薦
　　　　　　　　　むれば
震威頓霽一開顔　　震威頓《にわ》かに霽《は》れ　一《いっ》に顔を
　　　　　　　　　開く

王に近づき進み出た美人は、どこの家の娘か。緑雲のような鬟に、翡翠の髪飾りと玉のかんざし。

立って清らかな歌（安積山の歌）を詠じ、金の杯をすすめると、王の怒りはすぐに晴れて、終始笑みをうかべた。

亦知風刺感人遠　　亦た知る　風刺の人に感ず
　　　　　　　　　ることの遠きを
朱絃三嘆誰復刪　　朱絃三嘆　誰か復た刪《けず》らん

この女性は、遠まわしにいさめて、人の心を動かすすべを知っていた。その絃《げん》のたえなる調べに、感嘆するばかりだった。

白石は歴史学的な知識も豊富な人なので、興味深い内容となっている。この全文と訳注は、『郡山地方史研究』第五十一集に掲載した。

大伴家持や坂上田村麻呂も

大伴氏は大和朝廷以来の武門の名族である。しかし『万葉集』を編纂した大伴家持は、地方長官として赴任した期間が長く、出世も遅かった。

葛城王が安積郡衙に宿してから五十八年後の天応二年（七八二）、六十五歳の家持は、陸奥按察使兼鎮守将軍に任ぜられた。陸奥・出羽を管轄する行政官となって鎮守府の軍事も担うこととなった。実状は、武門の家柄にかこつけて中央から追い出されたのである。老将家持が国府の多賀城へ向かうときも、途中安積郡衙に宿したであろうし、安達太良山を望んで葛城王と前采女の故事を偲んだことだろう。

延暦三年（七八四）、陸奥按察使持節征東将軍となる。おそらくエミシとの戦いがあったのであろう。延暦四年（七八五）、国府多賀城の強化のために、多賀郡・階上《しなのえ》郡が新設され、大伴家持はその年、六十八歳で死去する。

それから十六年後の『日本後紀』延暦二十年（八〇一）の条に、「二月十四日、征夷大将軍坂上田村麻呂に節刀を下賜した」とある。田村麻呂は四十四歳。節刀とは、天皇から特命の大使の標として出征の将軍に下賜された刀のことである。田村麻呂はエミシ征伐に出て、同年九月エミシ平定を朝廷に報告した。

『日本後紀』延暦二十一年の条に、「一月九日、田村麻呂に陸奥国の胆沢城の築造を命じて派遣した」とある。

『日本後紀』延暦二十二年の条に、「三月六日、田村麻呂は造志波城使として別辞を言上し、彩帛五〇疋、綿三〇〇屯を賜った」とある。志波城造営のために陸奥国へと出発したのである。

田村麻呂も、途中エミシ平定の重要な後方基地たる安積郡衙に宿していよう。

　田村麻呂が今の郡山市田村町に生まれたという伝説がある。父の坂上苅田麻呂が七七〇年に東征したときに、当地の女性と交わって田村麻呂が生まれたとすれば、七七一年ごろの誕生となる。しかし田村麻呂は七五八年生まれである。

安積郡衙付近の中世

　安積郡衙は十世紀中ごろまでの遺跡であるから、永承六年（一〇五一）源頼義が陸奥守として陸奥国に下向した時は、この郡衙はすでにない。『相生集』は『艮斎文略』を引用して、「頼義が字幕ノ内（今の桜木一丁目・西ノ内一丁目）で兵を訓練したからその名が付いた」と書くが、それが後世の付会であろうことを婉曲的に示している。

　マクノウチはマキノウチの転で、川が巻いた所の意である（『地名用語語源辞典』）。幕ノ内の北を逢瀬川が流れ、東南をその支流の夜打《ようち》川が巻いている。夜打川は、今は暗渠《あんきょ》の部分が多くなってしまい、川筋がわかりにくい。夜討川とも表記するが、『相生集』にもとづいて夜打川とする。

　明治中期の郡山村の字限図の字幕ノ内の所に「郡山館」と記されている。いわゆる郡山城は幕ノ内にあったと思われていた。昭和五十六・五十八年、平成元年に、郡山館遺跡の発掘調査が行われたが、確たる城館遺構は発見されなかった。かわりに、安積郡衙の時代の住居跡が出てきた。

　夜打川の西岸が字幕ノ内で、東岸が字咲田と字茶臼館である。字茶臼館は今の若葉町の西部にあたり、逢瀬川の段丘崖の下の平坦部をいう。

鎌倉時代以降、安積郡は安積伊東氏の所領である。天正十六年（一五八八）の郡山合戦は、蘆名・佐竹軍の包囲下に入った郡山城を、伊達政宗が援護するという戦いであった。郡山城主・郡山太郎右衛門頼祐は安積伊東氏の庶流で、政宗の旗下に属した。その城館が郡山城である。太郎右衛門の父は伊藤摂津守である。庶流が地名を氏として称する例にならって、伊藤氏から郡山氏に更《か》えたのだろう。

戦記の読解や発掘の出土状況から、今では郡山城は稲荷館の称とされ、幕ノ内に置かれたという説は否定された。稲荷館は字燧田《ひうちだ》・字北町（今の駅前一丁目）にあった。稲荷館は、地域の核となる町場を押さえることで、流通・交通・信仰などを機能させた類の城館である。稲荷館の名は、安積伊東氏の氏神の稲荷神社が祀られていたから付いた。

永享十一年（一四三九）、諏訪館（郡山市芳賀）の主（伊藤氏）が稲荷館に移ったと伝える。諏訪館に関わる諏訪神社は芳賀集会所に隣接して鎮座し、その右には比止禰命《ひとねのみこと》霊祠と刻した石祠が鎮まる。比止禰命の古墳の址という。

郡山合戦時、安積伊東氏第十四代伊藤肥前重信は伊達政宗の家臣であった。伊達軍が深追いして敵方に囲まれた時、重信が駆けつけて奮戦し、敵の後方まで進んで遂に討死した。その子孫は伊達の重臣に列して繁栄し、元禄五年（一六九二）逢瀬川の北に伊藤肥前墓碑を建立した。元文年間（一七三六～四一）、川の南に移し、後ろに樹を植えた。今は久保田の日吉神社に立つ。伊藤肥前の直系子孫は仙台市の伊東知男氏である。

中世の安積伊東氏ゆかりの神社が、古代安積郡衙付近に鎮座する。安積国造神社本殿の稲荷大神、西ノ内の三島神社（伊豆の三嶋大社のご分霊。武家の守り神）、方八町の高石稲荷神社（安積祐長の氏神）、東宿《とうじゅく》の伊豆神社（今はない）。

阿尺国造の子孫

天湯津彦命《あまゆつひこのみこと》の子孫の国造の中で、最古の国造は、今の広島県の阿岐《あき》国造である。その子孫の田所恒之輔氏は、広島県重要文化財の古文書を所蔵する。田所氏の屋敷は安芸国庁屋敷跡にあり、田所明神社が鎮座する。

阿尺国造・安積郡司の子孫たちは、中世には安積伊東氏の傘下に入って存続した。神護景雲三年（七六九）に丈部《はせつかべ》氏が阿倍安積臣を賜ったので、子孫は丈部氏や阿倍氏、安積氏を名乗った。

安積町には安倍や丈部内《じょうぶない》という字名が最近まで残っていた。安積郡司の子孫がいたことを伝えるものである。

阿尺国造の子孫と伝える安積国造神社社家は、もとは安積氏であるが、中世安積伊東氏が領主となって安積氏を称したので、安藤氏に変更した。同社家は兵庫頭《ひょうごのかみ》という官職名を古代から世襲した。赤木山の南部の神山《しんざん》霊園は、古来安藤氏の墳墓の地である。

二本松市木幡の隠津島神社社家安部氏は阿尺国造の子孫で、丈部直継足の三男継宣が神護景雲三年に同神社を勧請したと伝える。

郡山市の地名「富田」を称する富田氏も阿尺国造の子孫と伝える。富田町の天神南遺跡（五輪壇殿墓山）は富田氏の墓域で、古代中世の古墳・墳墓があり、県に登録されている。今は周辺が削られて住宅地となり、丘の中心部だけが残っている。ここの字名の天神南も消されて、富田西六丁目になった。

富田氏は会津蘆名氏の重臣となって、四天王と称された。天正十七年（一五八九）摺上原《すりあげはら》の戦いで、会津軍の先鋒・富田将監《しょうげん》は、伊達政宗に降った猪苗代盛国を破り、さらに伊達の智将片倉小十郎の陣を破った。

田町、大島の西の久ノ内《ひさのうち》・菱内《ひしうち》という地名は比止禰内《ひとねうち》の転で、比止禰命の子・日足禰《ひたるね》が住んだと伝え、かつては比止禰命の塚と伝える古墳があった。

大槻町の社家・矢田部氏は絶えてしまったが、これも古代から続く一族である。『日本三代実録』貞観十二年（八七〇）の条に、矢田部今継ら十七人が阿倍陸奥臣を賜ったことが記されている。また清水台遺跡からは「矢田部偐」というヘラ書きのある瓦が出土した。

湯浅譲二先生作曲「安積山の歌」

平成二十二年、世界の作曲家湯浅譲二氏が『万葉集』「安積山の歌」に曲を付けられた。この作曲は、（社）郡山青年会議所が、音楽都市郡山を象徴する歌をつくろうと、平成十八年、創立四十五周年記念事業として湯浅氏に依頼した。

合唱曲「安積山の歌」は、平成二十三年三月七日の第十六回音楽都市こおりやま全国合唱祭で初演。安積高等学校が混声合唱、安積黎明高等学校が女声合唱を歌った。会場には、両校の歌唱指導をした湯浅譲二氏が訪れ、「今日が一番いい演奏だった」と称えた。この四日後、東日本大震災が起こる。

湯浅氏は日本語の古の発音をとりいれた。譜面に「あアアースアーアーかイやァアーンまアかげスアアイエンみイゆウーるゥー　やまンのいのオオー　あさきィイこころをオー　わがおもわアなァアくウにイ」、また「悠々と」とある。

同氏は、「郡山は言わば合唱王国なので、本歌が万葉集からでもあるし、言わば誰にでも歌える愛唱歌と言うものより、むしろ、格式のある本格的な合唱曲を作曲しようと思った。曲想は前半の客観描写の『安積香山影さへ見ゆる山の井の』までと、後半采女の心情を吐露している『浅き心をわが思はなくに』の2つの曲想を持っている。前半は今様とまでは言わなくとも、洋楽的合唱曲と言うよりは、中世日本的な節回しを意識して書いている。しかし、後半には安積采女の優しい雅な心情を歌い上げるという形を持っている」「郡山に数ある混声・女声の合唱団の方々にも歌って頂けたら、これに勝る喜びはない」(「安積山の歌」楽譜・郡山青年会議所発行)という。

平成二十五年四月二十一日午後三時から、音楽都市宣言五周年記念「湯浅譲二合唱作品による個展」が郡山市民文化センターで開催され、合唱曲「安積山の歌」も歌われた。

栄原永遠男博士

平成三十年十月二十日、「あさかやま木簡」発見十年を記念して、発見者で大阪歴史博物館長の栄原永遠男氏をお招きして、講演会が開催された。場所は安積歴史博物館である。これを主管した安積歴史塾は、安積に関わる歴史講座を開催している団体である。

栄原氏の講演に先立って、岡部富士夫氏の指揮により「安積山の歌」の演奏が行われた。

湯浅譲二作曲「安積山の歌」(合唱曲・郡山JC委嘱作品) 郡山女声合唱団

土井晩翠作詞 橋本國彦作曲 岡部富士夫編曲「郡山市歌」(昭和六年 歌詞に「安積の山と浅香沼 古典の中にかんばしき」とある) 郡山市民オーケストラ

岡部富士夫作曲「安積山の歌」 郡山市民オー

ケストラ

栄原氏の演題は、「あさかやま木簡」の発見―万葉集と郡山―、である。木簡発見の経緯とその意義や、前采女、清水台遺跡、阿倍安積臣、阿尺国造などを論じられた。

この時の記念品に、「あさかやま木簡」レプリカをつくった。本物と同様、長さ二尺、幅一寸、厚さ一ミリ、檜材である。このレプリカは、「郡山の歴史の語り部」として親しまれた丹治徹氏が考案した。製材や印刷には高度な技術を要する。同氏は製作可能な郡山市内の業者を探し出した。

平成三十年は、『万葉集』を編纂した大伴家持の生誕千三百年でもあった。家持生誕と栄原氏の「あさかやま」木簡発見以来十年とを記念して、「安積山の歌」碑を建立した。場所は、安積采女ゆかりの安積国造神社の二の鳥居脇である。旧四号国道に面している。

碑陽は、当地ゆかりの女流書家遠藤乾翠《かんすい》氏に、「あさかやま　かけさへみゆる　やまのゐの　あさきこころを　わかおもはなくに」とご揮毫を賜った。碑陰には万葉の安積采女の故事を刻した。

令和六年新春恒例の「歌会始の儀」が皇居で開かれ、題は「和」で、召人《めしうど》・栄原永遠男氏が次の歌を詠んだ。

歌木簡《うたもくかん》かかげ三十一《みそひと》文字をよむ
温《ぬく》き響きに座は和みたり

まさに「あさかやま木簡」のことが、千三百年の時を超えた現代の朝廷の晴れの場に披露された。これは安積采女や郡山市民の栄誉でもある。

あとがき

ある年の采女祭りで葛城王に扮した某氏が、「市民の視線が冷たい」と嘆いた。「葛城王は采女を拉致した人物」という風評が出まわっているのだ。そのようなことをなくすためにも、伝説から真実へと転換してゆかねばならない。

安積采女の、王の怒りを静めようとする行為は、崇高な文化的営みである。人と人とが争わずに共生してゆくための工夫である。世界が戦乱に明け暮れる今こそ、采女の知恵に学ぶべきである。

安積采女の真実を知り、安積、郡山の悠久の歴史に誇りを持っていただきたい。この地は、太古から今にいたるまで繁栄し、すばらしい歴史を有している。「郡山には歴史がない」と言う人がいるが、それは「郡山の歴史を知らない」のである。

古くからの地名は貴重な歴史遺産であるが、それが次から次と消されている現状は、非常に残念である。地名を保存復活する気運を作りたいものだ。

注1　『後漢書』巻十「皇后紀上篇」

美人・宮人・采女の三等を置く。みな一様に爵位秩禄がなく、歳時の賞賜を給として充てるのみである。漢のきまりで、八月ごとに税の基準となる人口を数えるのに合わせて、中大夫を遣わして、掖庭丞《えきていじょう》（後宮を統括する副官）及び相工《そうこう》（人相見）とともに、洛陽の良家の童女、十三歳以上二十歳以下の、姿色端麗にして骨法骨相に合う者を調べ見て、車に載せて後宮に連れ戻り、可否を選び見て、そこではじめて用い、進み侍らせた。

注2　凡そ采女は、郡の少領（郡司の次官）以上の姉妹及び子女の形容端正なる者を貢せ。従丁（下男）一人。従女（下女）二人。一百戸を以て、采女一人が粮に充てよ。庸布・庸米は皆仕丁に准ぜよ。

注3　凡そ諸《もろもろ》の氏《うじ》は、氏ごとに女貢《にょぐ》せよ。皆年三十以下十三以上を限れ。氏の名にあらずといえども、自ら進仕《しんじ》せんことを願わば、ゆるせ。それ采女貢《ぐ》せんことは、郡の少領以上の姉妹及び女《むすめ》の、形容《かたち》端正なる者をもちてせよ。皆中務省《ちゅうむしょう》に申して奏聞《そうもん》せよ。

注4　『続日本紀』七二二年

次のように太政官が奏上した。

このごろ、辺境の郡の人民が、にわかに賊の侵略を受け、そのため西や東に逃げまどい散りぢりに分散しています。もし今あわれみと恵みを加えないと、恐らく後に憂いを残すでしょう。それゆえ聖王が制度を立てる時は、辺境の人民の暮らしの充実に努めるのは、中央の安全を図る中国の例にも見られます。そこで次のように請願いたします。

陸奥国の按察使《あぜち》が管轄する人民の庸・調をだんだんに免除し、農耕と養蚕を勧め行わせ、乗馬と弓を習わせ、辺境を助けるために徴収する税は、エミシに与えられる禄にあてたいと思います。

その税は管内の兵卒一人について、長さ一丈三尺・幅一尺八寸の麻布を出させることにし、三人分の布で一端とします。

つぎに陸奥国出身の授刀《たちはき》・兵衛《ひょうえ》・衛士《えじ》および位子《いし》・帳内《とねり》・資人《しじん》ならびに防閤《ぼうこう》（建物を護衛する使人）・仕丁《しちょう》・采女・仕女《つかいめ》など、このたぐいの人々は全員帰国させて、それぞれもとの地位にもどすことにします。

注5　葛城王。此の葛城はいづれにか侍らん。伊予国風土記に云ふ、「湯郡、天皇等於湯幸（中略）葛城王等なり」。天武紀に云ふ、「八年秋七月己卯の朔乙未の日、四位葛城王卒《しゅっ》す」。次に左大臣橘朝臣諸兄をはじめ葛城王と名づく。此の三人の中に、天武紀に見えたる葛城王なるべきか。その故は、伊予風土記は文拙ければ信じがたし。橘朝臣は大伴家持ことに知音《ちいん》なりと見えたれば、当時の事にて、「右の歌に伝へて云はく」といふべからず。第六巻に橘姓を賜ふ時の御製を載せ、第八に右大臣橘家宴歌を載せたり。もし左大臣いまだ葛城王なりける時なりとも、左大臣の事なりと注すべしとおぼゆ。

注6　飯喫《いいは》めど甘《うま》くもあらず寝《い》ぬれども安くもあらず茜さす君が情《こころ》し忘れかねつも（巻十六・三八五七）

右の歌一首は、伝へて云はく、「佐為王に近習の婢《まかだち》有り。時に宿直《とのい》暇《いとま》あらずして、夫の君に遇ひ難く、感情《こころ》馳せ結ぼほれ、係恋《おもい》実《まこと》に深し。是に於いて当宿《とのい》の夜、夢《いめ》の裏《うち》に相見、覚《おどろ》き寤《さ》めて探り抱《むだ》くに、曽て手に触るること無きのみ。乃ち哽咽《むせ》び歔欷《なげ》きて、高声もて此の歌を吟詠《うた》へり。因りて王之を聞きて哀しび慟《いた》みて、永く侍宿《とのい》を免《ゆる》しき」と。

注7　虎丸長者伝説

神亀元年（七二四）、大野東人《おおののあずまひと》に属し、大和宇陀郡の虎丸という者が来た。この地に住み、その子孫を虎丸長者といい、郡内を押領した。あるいは国造比止禰命《ひとねのみこと》の子孫ならんともいう。

　虎丸長者は、源義家東夷征伐下向のころおい、郡山上台（現、清水台）の数町に、大きな瓦葺の館を構えた。築地門より殿楼にいたるまで、その壮麗なること今の諸侯といえども及ばない。

近国の田園を有し、多くの里民によって耕し、鐘撞き堂に鐘をつるして農民に朝夕の出入りを知らせた。米をとぐ長者池や細沼は真っ白になり、下女は皿沼で日用の器物を洗った。馬頭観音の後方、力持というのは長者の穀倉で、下男は米俵の出し入れに精を出した。今、地中からたくさん焼米が出る。

方八丁に別荘を構えて四季の遊覧とす。今、この地から七宝の玉、鎧、勾玉、管瑪瑙《めのう》、玉簾、そのほか種々の宝玉が出る。下竈は長者の下人がいた所で、矢の根石が出る。馬頭観音は長者の守り本尊であったという。

注8　『大和物語』百五十段の概要

奈良の帝に仕える采女がいて、顔も姿もたいそう美しかった。高貴の人も言い寄ったが、采女は逢わなかった。帝のことをお慕い申し上げていたからだ。

ある時、帝が采女を召し出して愛した。しかしふたたび召さなかったので、采女は悲しみ、生きるのがつらく、夜ひそかに御所を抜け出し、猿沢池に身を投げた。帝はたいそう哀れに思われ、池のほとりに行幸し、墓を建てた。

わぎもこのねくたれ髪を猿沢の
池の玉藻と見るぞかなしき　　柿本人麻呂
猿沢の池もつらしな吾妹子《わぎもこ》が
玉藻かづかば水ぞひなまし　　御製

注9　『大和物語』百五十五段の概要

大納言は、その娘がたいそう美しく生まれついたので、大切に育てた。大納言に仕える内舎人《うどねり》が、この娘のことが心にかかって、たいそうつらくなり、ついにぬすみ出そうという心用意をして、不意にかき抱いて馬に乗せ、陸奥国へ逃げた。

安積郡の安積山に庵を作って二人で過ごすう

ちに女は身ごもった。女は山の井に行き、水に映ったわが姿を見、見苦しいさまになっていたのを恥ずかしく思い、

安積山かげさへ見ゆる山の井の浅くは人を思ふものかは

（安積山の影が映って見えるこの山の井のように、浅い心であなたのことを思ってなどいないわ）と詠んで、木に書きつけて死んだ。男は思いつめて、かたわらに臥して死んだ。

注10　碑文

安積山東葛城王祠碑文

　　守山藩　淡園崎　允明文幷書
　　王宮權現祠官　安藤親民　建

奥安積郡安積山東片平村葛城王祠、是爲王宮權現。

相傳、昔王按于奥。國司不謹。王色不悦、及饗不飽。當此時、州縣有好女入宮爲采女、年滿而還鄕。是曰倩。舊爲采女還處者、行酒見王有慍色憂之。乃起而擧杯、濺水王膝、遂詠安積山之井歌。王恤其意、罄歡終日。是歌載在萬葉集。

凡性木訥者、徑行以野意。國司有此性、致此患矣。山井淺而淸也。吾不思者、謂國司不自思之也。濺水王膝、請有雨露之恩也。以山下之井淺而山影見、爲之恩也。山下之井淺而山影見焉、興不自思其淺也。故王心釋然。

和歌者流、以斯歌與難波津歌爲和歌父母、以爲口實。王世次闕。其祠傍有采女冢、又不知其年次。

意昔州民受田五年而互易班田、使巡班其田。王之到于兹、蓋此類也。乃至勤其職、案政蹟、愛恤州民。々仰慕其德建其祠、至今春秋不怠也。

余以其咎、不勤知之。遂併勒和歌者流之言、土人奠祀之意耳。村長富田明雅、介余門人前田覺、請余文。以顯刻于石爾。

寛政五季、歳在癸丑、夏五月

参考文献

保田與重郎『万葉集の精神—その成立と大伴家持』　昭和十七年　筑摩書房
門脇禎二『采女』　昭和四十年　中公新書
新野直吉『研究史　国造』　昭和四十九年　吉川弘文館
磯貝正義『郡司及び采女制度の研究』　昭和五十三年　吉川弘文館
村山吉廣『楊貴妃』　平成九年　中公新書
布目潮渢・栗原益男『隋唐帝国』　平成九年　講談社学術文庫
高橋富雄『高橋富雄東北学論集』第一部　第一集　平成十五年　歴史春秋社
武部健一『完全踏査　古代の道』　平成十六年　吉川弘文館
高橋富雄『高橋富雄東北学論集』第五部　第二十集　平成十八年　歴史春秋社
小林清治『伊達政宗の研究』　平成二十年　吉川弘文館
鈴木啓『南奥《ふくしま》の古代通史』　平成二十一年　歴史春秋社
義江明子『県犬養橘三千代』　平成二十一年　吉川弘文館
栄原永遠男『万葉歌木簡を追う』　平成二十三年　和泉書院
今泉隆雄『古代国家の地方支配と東北』　平成三十年　吉川弘文館
高橋昌明『武士の日本史』　平成三十年　岩波新書
矢吹晋『天皇制と日本史　朝河貫一から学ぶ』　令和三年　集広舎
東北大学日本史研究室『東北史講義　古代・中世編』　令和五年　ちくま新書
他

著者略歴

安藤　智重（あんどう　ともしげ）

昭和42年生まれ。

早稲田大学教育学部卒業。

後、早大名誉教授村山吉廣氏に漢学を学ぶ。

安積国造神社宮司、安積幼稚園理事長、全国神社保育団体連合会副会長。

平成26年第37回福島民報出版文化賞正賞（『艮斎文略 訳注』）。

著作に、『歴春ブックレット安積１ 安積歴史入門』『歴春ふくしま文庫27 安積艮斎 近代日本の源流』『東の艮斎 西の拙堂 対談』（歴史春秋社）、『艮斎文略 訳注』『洋外紀略 訳注』『遊豆紀勝 東省続録 訳注』『艮斎詩略 訳注』『艮斎間話 全現代語訳』（明徳出版社）、『マンガで読む儒学者安積艮斎』『マンガで読む歴史学者朝河貫一』（文芸社）。

歴春ブックレット安積5
安積采女の真実

二〇二四年七月一日第一版　発行

著　者　安藤智重
発行者　阿部隆一
発行所　歴史春秋出版株式会社
〒965-0842　福島県会津若松市門田町中野
電話　〇二四二(二六)六五六七
郵便振替　〇二一一〇-七-三九九四
印　刷　北日本印刷株式会社